O Pensamento Transdisciplinar e o Real

O Pensamento Transdisciplinar e o Real

MICHEL RANDOM

Entrevistas com:

Michel Camus, Olivier Costa de Beauregard, Nicola Dallaporta, Jacqueline Kelen, Gilbert Durand, Roberto Juarroz, Lima de Freitas, Edgar Morin, Basarab Nicolescu, Philippe Quéau.

TRIOM

Centro de Estudos Marina e Martin Harvey
Editorial e Comercial
1ª edição
São Paulo, 2000

Título Original
La Pensée Transdisciplinaire et le Réel

34, boulevard Edgar-Quinet, 75014 Paris

TRIOM – Centro de Estudos Marina e Martin Harvey
Editorial e Comercial Ltda.
Rua Araçari, 208
01453-020 - São Paulo – SP – Brasil
Tel: (11) 3845-8380 / Fax: (11) 3845-0966
E-mail: editora@triom.com.br
www.triom.com.br

Foto da capa: Michel Random
Tradução: Lucia Pereira de Souza
Revisão técnica: Américo Sommerman
Revisão: Vitória Mendonça de Barros
e Ruth Cunha Cintra
Revisão gráfica: Adriana C. L. da Cunha Cintra
Capa, diagramação e fotolitos: Casa de Tipos Bureau e Editora Ltda.

Dados Internacionais de Catalogação na Publicação (CIP)
(Câmara Brasileira do Livro, SP, Brasil)

Random, Michel
O pensamento transdisciplinar e o real; / Michel Random; tradução Lucia Pereira de Souza. – São Paulo : TRIOM, 2000.

"Entrevistas com: Michel Camus, Oliver Costa de Beauregard, Nicola Dallaporta, Jacqueline Kelen, Gilbert Durand, Roberto Juarroz, Lima de Freitas, Edgar Morin, Basarab Nicolescu, Philippe Quéau"

Título original: La pensée transdisciplinaire et le réel.
ISBN 85-85464-36-4

1. Interdisciplinaridade e conhecimento 2. Pesquisa interdisciplinar I. Título.

00-1727 CDD-001

Índices para catálogo sistemático

1. Transdisciplinaridade : Conhecimento 001

Agradecimentos

Será que podemos agradecer àqueles que continuam presentes pela visão de seu pensamento e pela mensagem capital que nos deixaram? A Roberto Juarroz por ter sido esse *questionamento na alma*, esse espírito vivo da consciência poética. A Stéphane Lupasco, esse *transfinito* da inteligência e do coração no seio da visão científica e filosófica.

Meus agradecimentos vão para os participantes destas entrevistas, por sua amizade e colaboração constante: Michel Camus, Olivier Costa de Beauregard, Nicola Dallaporta, Jacqueline Kelen, Gilbert Durand, Lima de Freitas, Edgar Morin, Basarab Nicolescu, Philippe Quéau.

À equipe portuguesa que se encarregou das filmagens, bem como a todos aqueles que concordaram com a publicação de diversos textos: à senhora Alde Lupasco Massot, à senhora Laura Cerrato, a Jacques Robin, Diretor da revista *Transversales Science Culture*, a Jean-Philippe Ruiz da revista *Passerelles*, a Jean-Paul Bertrand, Diretor das Editions du Rocher.

Índice

Introdução

por Michel RANDOM

O pensamento transdisciplinar: entre a complexidade e a unidade, uma nova consciência do real

Vi um homem isolado num terreno árido
Ele não era nem herético, nem ortodoxo,
não tinha nem riqueza,
nem religião, nem Deus, nem Verdade, nem Lei,
nem Certeza.
Quem nesse mundo teria tal coragem?

Omar KHAYAM

Durante o primeiro Congresso internacional da Transdisciplinaridade que se realizou no Convento de Arrábida, perto de Setúbal, em Portugal, de 3 a 7 de novembro de 1994, uma pequena rede de televisão portuguesa queria realizar um programa destinado aos jovens de 17 a 20 anos. O produtor e sua equipe eram jovens extremamente simpáticos e inteligentes. Ao tomar conhecimento de que eu também era um de seus colegas de profissão, pediram-me que fizesse algumas perguntas a uns poucos participantes. Foi assim que tudo começou. Estas entrevistas foram então filmadas e gravadas. É por isso que uma pergunta sempre retorna: *o que a transdisciplinaridade pode oferecer para jovens de 17 a 20 anos?* No entanto, as perguntas e as respostas estenderam-se rapidamente a todos os campos e acabaram resultando nas *Entrevistas* que agora publicamos. Assim, uma *ação transdisciplinar* realizou-se espontaneamente, à margem do Congresso, sem intenção prévia. Observei que um efeito *trans* unia os participantes, a equipe de televisão e eu. Fomos efetivamente *transportados* ao cerne de nossas questões. Esquecemos as disciplinas para conversar de coração a coração. Estávamos realmente *juntos* nesse diálogo, éramos um único todo, estávamos felizes por viver nossas questões. Assim, ilustrava-se diretamente o primeiro princípio transdisciplinar que é a troca, a abertura, a comunicação, a generosidade da inteligência e do coração. E imaginávamos o que seria um conhecimento compartilhado, uma convergência dos saberes e do ser entre cada um de nós e os outros. Vinha-me a evidência do quanto necessitamos hoje não de intelectualidade, não de um saber de manual, mas de um saber e de um conhecimento do ser, imagem solar de uma realidade que podemos perfeitamente realizar e estender como um centro iluminado por raios convergentes. Primeira condição de uma nova escuta, de um novo real.

A paz, a serenidade desse Convento, transformado em centro cultural, incrustado como uma jóia da arquitetura numa paisagem de grande beleza, sem dúvida facilitava essa disponibilidade. O próprio tempo, instável, ora frio e chuvoso, ora claro e ensolarado, simbolizava de algum modo a imagem das questões ao mesmo tempo veladas e desveladas. Sonhava que poderíamos multiplicar tais centros, que uma nova forma de educação-participação ativa, viva, está ao alcance de nossa mão, que uma enorme quantidade de jovens poderia participar desta cultura do questionamento e do imaginário, que o absurdo de uma cultura do saber poderia ser substituído por uma cultura do ser, fecunda e ativa, trazendo não receitas, mas chaves para aprender, chaves para procurar, para questionar a si mesmo e se conectar com essa visão do Todo, desenvolver novas faculdades para empreender e agir em vez de permanecer numa atitude passiva. Seria, assim, uma cultura de seres livres, abertos e não seres temerosos, assustados, condicionados pela alienação do sistema.

Essas trocas me lembravam as intensas conversações que tinham precedido a preparação do Colóquio de Veneza, em 1986. A não-separabilidade quântica demostrada definitivamente apenas três anos antes, havia sido o objeto essencial de nossas discussões. Seu caráter extraordinário demonstrava que existia uma total unidade cósmica entre a parte e o Todo. Evidentemente, a maioria dos cientistas, começando pelo próprio Alain Aspect, autor da experiência, limitava-se a constatar os fatos sem extrair deles outras consequências filosóficas. No entanto, se a filosofia não podia, a partir disso, levar uma nova visão do mundo, para que serviria a ciência? Para descobrir um novo real envolto em proibições? Eu percebia entre esses cientistas o medo de formular uma hipótese, por menor que fosse, capaz de levar à mínima abertura do imaginário. Em seguida, Bernard d'Espagnat, que dirigira todas as experiências, mostrou que não era assim, como testemunha o livro apaixonante, publicado com Etienne Klein: *Regards sur la matière. Des quanta et des choses*[1] (Considerações sobre a matéria. Sobre os quanta e sobre as coisas).

---

[1] Bernard d'Espagnat & Etienne Klein, *Regards sur la matière. Des quantas e des choses*. Ed. Fayard, 1993.

A título pessoal, eu via uma profunda analogia entre a não-separabilidade e o ensinamento das grandes tradições, que por milênios mencionam continuamente a união consubstancial e indissolúvel da parte com o Todo, da união cósmica homem-universo. É o que afirmava em particular o pensamento taoísta há mais de quatro mil anos. Toda a ciência do Chi na China (e do Ki no Japão) apoia-se nesse conceito, no qual o homem e o universo se *potencializam* mutuamente. No decorrer de uma discussão, eu disse que, a meu ver, doravante *a ciência encontrava-se diante dos confins do conhecimento*. "Pare", disse meu interlocutor, "com sua última frase você encontrou o título do Colóquio de Veneza!"

A realidade virtual é transdisciplinar?

O pensamento transdisciplinar é por excelência, como o pensamento holístico, determinante para o futuro. Suas qualidades levam a pensar no gesto do *Grande Semeador* que lança com as mãos cheias suas sementes. Sua abundância nunca é grande demais se quisermos ver crescer um número suficiente de grãos. Quaisquer que sejam a entropia aparente do futuro e o triunfo das forças obscuras do determinismo, é possível que a consciência de sobrevivência imponha uma 'era das luzes', como indica a *Mensagem de Tóquio*. Mais do que nunca, o retorno ao ser e à consciência pode desempenhar um papel determinante para contrapor e até mesmo quebrar essa entropia. A consciência de vida transformando-se em consciência de despertar.

O aparecimento da *realidade virtual* permanece um enigma em relação à consciência holística, transpessoal e transdisciplinar. Edgar Morin e Philippe Quéau falam dos 'níveis de realidade' implícitos ou explícitos, representados pela multimídia, pelas estradas da informação, pela Internet etc. As novas tecnologias informáticas abrem indiscutivelmente um novo mundo, uma nova linguagem, um novo imaginário. Porém, como tudo que nasce da mente humana, elas contêm em si seus *sedutores* e seus *subversivos*. Essa 'nova complexidade virtual' oferece, de fato, uma enorme variedade de Possíveis, sob a forma de trocas de informações, visualizações, elaboração de modelos, inter-relações etc. A imagem torna-se uma nova linguagem e pode oferecer uma dimensão simbólica que, por sua vez, permite uma nova 'revelação' do sentido, da ilustração e da explicação, por exemplo, das riquezas ilimitadas do patrimônio cultural deixado pelas antigas civilizações, raramente mostrado sob seus aspectos profundos e qualitativos.

Stéphane Lupasco e a árvore do conhecimento

Como, num livro sobre o pensamento transdisciplinar, deixar de falar de Stéphane Lupasco, cuja filosofia constitui uma de suas bases? Lupasco foi, nas ciências e na filosofia contemporânea, um gênio de um novo gênero. Sua obra e especialmente sua *trialética* é um *bootstrap*[2] do conhecimento. Sozinho, restabeleceu a árvore do Conhecimento em sua unidade científica, filosófica e espiritual. Um conhecimento que mostra como no interior de uma dinâmica constante e contraditória, que ele denomina *o estado T* ou *terceiro incluído*, *o real potencializa e atualiza* sob todos os seus aspectos a ordem viva e a dos fenômenos numa criação sem fim. Neste sentido, sua visão do real é totalmente holística em sua globalidade e transdisciplinar em suas aplicações.

Bem mais do que isto, sua visão abre à ciência dos aspectos – particularmente os dos espaços-tempo – ainda desconhecidos. Um gênio do pensamento contraditório e da 'racionalidade holística'. Visão que poderia ser definida como: 'ciência sem limites do conhecimento'. Pois sua filosofia, além do finito ou do infinito, é naturalmente 'transfinita', como tão bem ele mesmo dizia.

Lupasco estava tão avançado para seu tempo que sua obra foi completamente ignorada. Apenas entre 1981

---

[2] O termo *bootstrap*, usado por G. F. Chew, significa 'cordão de sapatos', querendo dizer com isso que o universo está ligado a si mesmo como o sapato ao pé.

e 1983, nos primeiros números da revista *Troisième Millénaire* (primeira série), Basarab Nicolescu publicou diversos artigos e chamou a atenção do público para a importância considerável de seu pensamento e de sua obra. Sucederam-se conferências, principalmente na Sorbonne. Lupasco, que era a simplicidade e a inteligência em pessoa, ficou visivelmente contente. Ficou feliz ao ver que um novo público interessava-se por sua obra. Entretanto, para a maioria dos leitores, a semântica lupasciana não era muito clara. Pedi-lhe então que ele mesmo definisse seus conceitos essenciais. Tal foi o objeto de uma entrevista que deveria aparecer na *Troisième Millénaire*, mas que, devido a uma série de circunstâncias, ficou inédito. Esta entrevista nada perdeu de sua atualidade e é por isto que achei interessante publicá-la, para homenageá-lo, no corpo desta obra juntamente com um estudo de Basarab Nicolescu.

A quem falar da urgência? pergunta o poeta

Não espera a morte para te abrir ao silêncio
Súbito clarão de silêncio de onde jorra
o poema ou a palavra do abismo
O universo também é um poema inacabado.

Michel CAMUS *em Provérbios do Silêncio e do Deslumbramento*

Por que o pensamento transdisciplinar ainda é tão pouco percebido pelo público? Seria ele uma ciência, uma filosofia, uma metafísica, uma poética, uma arte, uma metodologia, uma disciplina em si mesma, uma ferramenta ou tudo isso ao mesmo tempo?

A ambigüidade da percepção talvez venha da própria palavra. Em 'transdisciplinaridade' há, com efeito, 'trans' e 'disciplina'. Dois mundos divergentes, um aberto para o efeito *trans*, o outro tão austero e racional quanto possível: *a disciplina.* No entanto, entre *trans* e *disciplina* esconde-se uma dinâmica e uma interação constante: a intenção de considerar as qualidades próprias às *disciplinas* e de abri-las, de fazer com que se comuniquem entre si e nos mais altos níveis pelo *trans.* Restituir de algum modo à ordem viva, a das trocas e do sentido, o caráter demasiadamente fixo, demasiadamente determinista das disciplinas e, pela sua união ou osmose, extrai-las do gueto das especialidades para restitui-las à vida e mesmo a novas ciências.

Se fosse preciso tentar definir o que é o pensamento transdisciplinar, esclarecer sua extraordinária complexidade aparente e escondida, diria que ele é, antes de tudo, uma tomada de consciência. Uma tomada de consciência em relação à situação global da realidade tal como a vivemos e, consequentemente, uma tomada de consciência lúcida, para não dizer extremamente trágica, da situação planetária tal como ela se oferece a nossos olhos, mas cujas perspectivas são bem piores ainda se o olhar se estender a um futuro próximo, a não mais de duas ou três gerações.

A questão que teremos de responder é: Como chegar ao estado de sobrevivência planetária, considerando cada vez mais claramente a eventualidade de um desaparecimento talvez completo da espécie humana? Qual é o papel desempenhado pelo pensamento materialista, determinista e causal no surgimento de uma sociedade tecnológica que, com a soma inimaginável de suas poluições, se mostra como a mais gigantesca máquina jamais inventada pelo homem para destruir a ordem viva? O aparecimento dessa nova consciência responde, portanto, à urgência da situação: uma visão lúcida, contra a entropia de um sistema que ameaça nos destruir.

Todavia, sobre esse pano de fundo, elabora-se uma intensa visão construtiva e criadora para manifestar precisamente porque é possível que no caos se instale uma nova ordem oriunda dos fundamentos da nova física quântica, ordem essa que poderia ser denominada inteligência quântica e que não é outra senão a das energias inerentes ao próprio real.

Uma extraordinária mutação ocorreu nestes últimos anos: a aliança da ciência, da filosofia e da metafísica que, em conjunto, após estar por tanto tempo separadas, convergem seus olhares e suas respectivas qualidades para considerar um único e mesmo real holístico. O que foi estabelecido pelo recente *Colóquio Internacional de Tóquio* de 1995, organizado pela UNESCO e pela Universidade das Nações Unidas, e principalmente pela *Mensagem de Tóquio*, que é seu resultado.

O pensamento transdisciplinar inscreve-se nesta visão global e de certo modo tende a encarná-lo, a manifestá-lo em nossa realidade. Se olharmos de perto, veremos o paradoxo da situação: desde o advento da física quântica, em 1900, transcorreu mais de um século sem que as extraordinárias consequências reveladas por essa ciência tivessem exercido qualquer influência sobre a estrutura causal de uma sociedade tecnológica, 'moderna' apenas por esse aspecto, enquanto os paradigmas sobre os quais ela se apoia datam pelo menos do século XIX.

O pensamento transdisciplinar é precisamente uma primeira abertura, uma ação concreta sobre a nossa realidade, para nela inserir a visão de um real global e não mais causal, revelado pela nova física quântica, um real 'holístico' no qual todos os aspectos da realidade podem ser considerados e respeitados, sejam eles científicos, materiais, afetivos ou espirituais.

Esse real apresenta-se em sua unidade e sua globalidade, em sua total unidade entre as partes e o Todo, como uma dinâmica do próprio Todo, determinando constantemente a ordem das partes. Dessa ordem surge a complexidade do vivo e sua heterogeneidade. Da energia do Todo manifesta-se a matéria, uma matéria que é ela própria pura energia. A partir dessa energia pura, os dois mundos microcósmico e macrocósmico são ao mesmo tempo homogêneos e diferentes. Uma assimetria cósmica na qual é revelada justamente a dinâmica criadora do 'terceiro incluído'.

A unidade exprime-se na diversidade. Todas as coisas sendo, ao mesmo tempo, unas e únicas na multiplicidade: unicidade de cada parte, de cada grão de areia, de cada gota d'água, de cada ser. A complexidade do vivo decorre portanto dessa unicidade e das relações invisíveis que a ligam ao Todo.

As disciplinas próprias às ciências da natureza e às ciências do homem, obedecem ao mesmo princípio da complexidade. Na medida em que essa complexidade está ligada à globalidade, a ordem da natureza é respeitada e a harmonia reina entre os diferentes aspectos ou graus da realidade. No entanto, a visão causal, separando o sujeito do objeto e o homem da natureza, provocou uma complexidade linear que, não mais sendo transcendida por alguma verticalidade, se auto gera incessantemente, seguindo um processo mecânico produzido pela própria ordem causal.

O pensamento transdisciplinar se dá conta dessa realidade causal e de seus efeitos. Ele intervém para de algum modo regenerar a forma numa sociedade moribunda, reintegrando na linearidade as energias simbólicas e reais da verticalidade destruidoras. Assim, ele restitui o sujeito ao objeto, o homem à natureza, ligando-os tanto à unidade quanto à diversidade do Todo, devolvendo ao ser e a seus valores humanos e metafísicos o lugar dominante que lhe cabe.

Esta Complexidade natural na qual o imanente e o transcendente estão associados, opõe-se, é verdade, à complexidade contra a natureza gerada pelo conceito causal e tecnológico, mas antes fazendo-o evoluir do interior por uma tomada de consciência acrescida das necessidades imperativas desta nova ordem. A transdisciplinaridade aparece propondo meios de ação, antes de tudo no nível da educação, para suscitar uma nova dinâmica e uma renovação.

A originalidade dessa abordagem está relacionada à explicação dos 'níveis de realidade'. Evidentemente o real é uma globalidade, mas a própria matéria também aparece como uma *realidade* física e sensorial que deve ser levada em conta. A racionalidade da medida realmente existe na ordem temporal, assim como a lógica e a racionalidade. Negá-lo seria puro absurdo. Contudo, um absurdo ainda mais insustentável seria reduzir tudo à ordem lógica e causal. Por outro lado, os *níveis de realidade*, embora levando em consideração a ordem lógica, liga-a aos outros níveis. Se tomarmos como exemplo a partícula, ela se manifesta tanto sob a forma de corpúsculo, como sob a forma de 'agregados de ondas'. Ora, essa partícula é de fato e de maneira indissociável corpúsculo e onda ao mesmo tempo. Essa dupla característica determina os *níveis de realidade*. Num nível final, sub-quântico, aparece a imagem própria ao *bootstrap* topológico. O universo provavelmente é um 'acontecimento súbito', ou um ponto, um centro onde se expressa um 'transfinito' de centros, os da diversidade.

O real, de certo modo, torna a encontrar os degraus ou a pirâmide do sentido. A harmonia é restabelecida. A partir de então, vê-se como o conceito pode encarnar-se sob mil formas na sociedade e torná-la progressivamente menos causal, menos determinista, multiplicando em seu tecido todos os aspectos culturais e sociais que, restituindo o qualitativo ao quantitativo, devolve pouco a pouco a vida a um corpo moribundo.

No que tange as aplicações concretas, elas dizem respeito a todos os setores de nossa realidade, na medida em que praticamente todos ainda repousam sobre estruturas dualistas. Sem entrar em detalhes, somos levados a observar o seguinte: o processo descrito assemelha-se a uma mutação progressiva, extremamente difícil e lenta, que teoricamente se estende por várias gerações. Se as coisas pudessem caminhar dessa forma, ao cabo de um tempo indeterminado o Oriente estaria no Ocidente e vice-versa.

No entanto, nestes últimos anos, o alerta a respeito da sobrevivência planetária não deixa de aumentar. Uma soma de efeitos irreversíveis se estabeleceu. Foram elaboradas medidas cada vez mais precisas. As estimativas acumuladas da destruição da camada de ozônio, do efeito estufa, da subida do nível dos oceanos e inúmeras interações decorrentes de tudo isso, mostram que podemos indicar de maneira bastante precisa uma data na qual a irreversibilidade do processo atingirá um ponto crítico, pondo em risco a sobrevivência planetária. Essa data está muito próxima de nós e não ultrapassa, no máximo, duas gerações, entendendo-se hoje por geração um espaço de quinze anos.

A objetividade dos fatos não pode ser negada, desde que se proceda com dados precisos e não com generalidades subjetivas que levem a me acusar de ter um espírito catastrófico. A irreversibilidade da doença planetária é um fato que aliás constituiu a própria base das discussões do *Colóquio de Vancouver* em 1989 a respeito da sobrevivência do planeta.

A partir daí, podemos nos questionar se não é uma utopia imaginar qualquer ação transdisciplinar de longo prazo. É um pouco como prometer castelos na Espanha a um doente gravemente atingido pelo câncer.

É na verdade aqui que a transdisciplinaridade retoma todo o seu sentido. O que estabelece a força de seus conceitos em relação às outras ciências e à filosofia é, se assim posso me exprimir, o *pensamento quântico* sobre a qual ela repousa. Para os ocidentais que têm uma confiança determinante na ciência, esse pensamento científico pode não provar, nem estabelecer alguma certeza, mas mostrar como 'funciona' o real quântico com uma forte probabilidade de realidade.

A palavra chave neste caso: consciência. No sentido da física quântica, a consciência não é filosófica, nem psicológica. É uma propriedade do real, uma energia do real. Podemos dizer com isso que a unidade do real é um Todo-Consciência, ou ainda que a consciência é aquilo que permite ao real estar unido ou *autoconsistente* em todas suas partes.

Estabelecido este ponto, segue-se que o homem, que por definição é um *ser* consciente (ser enquanto essência) é, ele próprio, consubstancial ao universo, a Consciência do Todo englobando e determinando a das partes. Dizer neste estágio que sua consciência é energia e, como toda energia, *ação*, ou ainda que o *pensamento é ato,* como diz o físico Henry Stapp, é exprimir a idéia de que essa consciência, ou a própria energia-consciência, aparece como o pilar central da sobrevivência.

O pensamento transdisciplinar reconhece esse conceito como um dado determinante de sua ação, no que ele mostra ao mesmo tempo sua lucidez, sua esperança e sua confiança no poder de mudar o real, de estabelecer, se possível, uma força de união cósmica que talvez permita confrontar a fatalidade inevitável ou fazê-la retroceder.

O pensamento transdisciplinar: um real global

Toda teoria baseada exclusivamente no 'visível' equivale a uma cancerização do corpo da Realidade. Na futura pesquisa transdisciplinar, o estudo do homem e o estudo do universo sustentam-se mutuamente.[3]

Basarab NICOLESCU

A dinâmica do terceiro incluído

Nenhum processo binário existe no real. Todos os processos são ternários: uma terceira força se manifesta determinando o dinamismo próprio ao conjunto. Lupasco denominava 'terceiro incluído' esta terceira força. A complexidade, diz ele, é inerente aos sistemas pela manifestação de forças contraditórias que criam incessantemente as tensões necessárias para que a vida exista e não caia precisamente na entropia. Esse 'equilíbrio contraditório e antagônico' exprime-se, por exemplo, no núcleo atômico. "*O núcleo*", diz Lupasco, *"é positivo e os elétrons que giram ao redor do núcleo são negativos. Se a atração for forte demais, os elétrons se precipitam para o núcleo; inversamente, se a repulsão for forte demais os elétrons desaparecem e, nesse caso, o átomo deixa de existir. Para que o átomo exista, é preciso que haja ao mesmo tempo*

---

[3] Basarab Nicolescu, *Nous, la particule et le monde*, p. 24, Ed. le Mail.

atração e repulsão dos constituintes do átomo, quer dizer do núcleo e dos elétrons. Isto também vale para uma molécula, para as células vivas do organismo, para os tecidos etc. Há uma luta permanente entre a heterogeneidade vital e a homogeneidade física."

E ele acrescenta: *"A idéia de consciência é importante porque no sistema neuro-psíquico aparece a consciência da consciência"* ou o *"conhecimento do conhecimento"*.[4]

Do mesmo modo, o grande neurofisiologista americano Karl Pribram mostrou como cada neurônio é um holograma que contém o conjunto das informações do cérebro, como o cérebro com seus cem bilhões de neurônios funciona ele próprio como um único holograma e como este holograma-cérebro reflete por sua vez esse outro holograma que é o universo. No entanto, como diz Karl Pribram, na natureza não existe nenhuma estrutura dual, toda estrutura é potencializada por um 'neutro'.

---

[4] Entrevista com Michel Random de 20/03/1982 (inédita).

O sentido do 'trans' e a maiêutica da pergunta

Podemos exercer uma reflexão transdisciplinar no próprio seio da transdisciplinaridade? Nesse caso, eis alguns exemplos que esclarecem do interior a interrogação transdisciplinar, uma semântica do sentido implícita e explícita do 'trans', uma maiêutica da questão.

Os *níveis de realidade*, são, como já foi dito, holísticos, em sua finalidade. É por isto que o prefixo 'trans', como em 'transvisão', exprime a idéia de ir, 'ir além' e 'através' da visão, de conjugar verticalidade e horizontalidade. Dá-se o mesmo em 'transgredir': ir além das proibições para 'transformar' o real, para acrescentar a essência à forma, para conceber uma 'transpolítica' ou uma 'transcultura'. 'Trans' exprime a abertura, a ultrapassagem. Um mundo 'trans' aparece – como a mão, o espírito e o coração que se abrem para o visível e o invisível – na forma e na vibração da forma, na essência e na substância. O conhecimento surge, deixa a esfera asséptica do saber, da objetividade glacial e desumana. A compreensão, a fraternidade, a afetividade espiritual, a feminilidade do mundo tornam a desabrochar. Que físico diria que de agora em diante a física quântica poderia ser melhor compreendida se associada à Arte do que à ciência? A alma poética, o pensamento transdisciplinar e a física das altas energias reforçam a visão comum da pura vibração última. Quem teria imaginado o advento de uma 'transfísica' devolvendo aos valores poéticos todos seus direitos?

Trans é portanto uma *transcendência* do real, uma verticalidade que se opõe à linearidade dos fenômenos e da complexidade quantitativa. O invisível 'dobrado' no visível, como diria David Bohm, torna-se de novo a arquitetura sutil do real.

Um mesmo exercício semântico pode questionar as palavras que exprimem uma globalidade: holístico, autoconsistência, bootstrap, holomovimento, holográfico etc, tantos termos traduzindo ao mesmo tempo a unidade do Todo e sua manifestação sob forma de energia-consciência-pensamento.

O termo *bootstrap*, usado por G. F. Chew, significa 'cordão de sapatos', querendo dizer com isso que o universo está ligado a si mesmo como o sapato ao pé. A originalidade dessa teoria consiste em considerar as interações como acontecimentos quânticos da mesma natureza. Assim, o conjunto das interações cósmicas aparece como um único e mesmo acontecimento. No entanto, não é possível atribuir a esse acontecimento uma fração de tempo, por ínfima que seja, o que leva G. F. Chew a designar esse 'não-tempo' de um *acontecimento repentino*. Como físico puro, G. F. Chew não se arrisca a fazer nenhuma analogia metafísica. Sem dúvida esse 'não-tempo' da criação surge entre dois não-seres: a partícula nasce do vazio e retorna ao vazio; a Manifestação aparece como um traço infinitesimal desse movimento. O ser precede, portanto, a Manifestação, observação que encontro em Bernard d'Espagnat: "o Real é anterior ao espaço e ao tempo" ou "a noção de existência é logicamente anterior à de conhecimento, pois é preciso ser para conhecer" e ainda "esse existente do qual falo, não é plenamente conhecível nem pela ciência nem, de forma mais ampla, pela razão".[5]

Do mesmo modo, o conceito de *holomovimento* expresso por David Bohm traduz o movimento criador do Todo. O real é ao mesmo tempo invisível ou *implícito* e visível ou explícito, ou ainda, *dobrado* e *desdobrado,* o microcosmo e o macrocosmo revestindo-se ambos dos mesmos aspectos (implícitos e explícitos), ao mesmo tempo complementares e diferentes.

---

[5] Bernard d'Espagnat & Etienne Klein, *Regards sur la matière*, p. 302-3, Ed. Fayard, 1993.

A maiêutica da pergunta

Por quê? Os tempos modernos são uma constelação de por quês onde só brilham, e muito debilmente, longínquas respostas. Por que, a despeito de um mundo tecnológico edificado sobre a racionalidade e a lógica, o mundo vai tão mal? Por que este mundo quantitativo já não tem sentido? Por que o qualitativo, o retorno ao sentido global ou holístico do real, é sentido de forma tão imperiosa? Por que é tão difícil traduzir em nossa existência, despedaçada em mil tensões contraditórias, valores qualitativos?

Sentimos confusamente que nossa vida diária está alienada por um determinismo obscuro que torna o presente e o futuro incertos. Sentimos isso ainda mais cruelmente pois a própria base de nossa cultura, apoiada na razão e na lógica, não nos preparou para um mundo aleatório, conflituoso e incerto. Já não sabemos se vivemos uma evolução, uma mutação ou uma revolução. A realidade nos escapa um pouco mais a cada dia. Os valores racionalistas e lógicos de nossa educação têm para nós uma utilidade muito relativa. As novas gerações fazem inúmeras perguntas e dispomos apenas de sucedâneos para lhes responder. As novas tecnologias, ao mesmo tempo instrumentos de trabalho, de comunicações e de jogos, oferecem-se como uma nova escapatória, uma fuga de um real inconsistente para um real ainda mais 'virtual'. Embora nos prestem serviços, elas armam ciladas contra o nosso tempo, reduzindo ou fazendo desaparecer nossos espaços para leitura e meditação. Todas estas questões e muitas outras sobre nosso futuro incerto, ligadas à ecologia, à degradação de nossas condições de vida, assombram o nosso quotidiano. Sentimos cada vez mais intensamente que nossa realidade repousa, apesar de seus aspectos tecnológicos, sobre areias movediças. O que podemos dizer às novas gerações? Que o que as espera é um amanhã sem amanhã?

Todas essas perguntas formam o tecido dramático, consciente ou subconsciente, de nosso cotidiano. Nossas energias criadoras esgotam-se, afirmando-se com dificuldade crescente num mundo que se fecha cada vez mais.

Como? Como pode a consciência individual enfrentar essa situação? Evidentemente não existem receitas. O que fazer, o que pensar, como agir? Poderemos, na constelação de nossas perguntas, descobrir algumas estrelas?

Dizem que a *pergunta* contém em si mesma uma resposta, uma tomada da consciência que, ao interrogar a realidade, a 'constrange' a se revelar tal como é ou tal como a percebemos. Sócrates, e mais próximo a nós Krishnamurti, praticavam a arte das perguntas como uma maiêutica, que em grego quer dizer 'a arte de parir'. Cada pergunta 'dá à luz' ou revela uma ou várias outras perguntas implícitas na pergunta original. Nesse sentido, redescobrimos através dessa 'maiêutica' o real implícito ou explícito de que fala David Bohm. Esse real sendo em sua essência um movimento suscitando questões que nenhuma resposta satisfatória pode resolver, mas revelando de fato aquilo que é a razão de ser desse real, isto é, a Consciência, que precisamente manifesta a questão.

Esse exercício de 'tomada de consciência' sacode a nossa passividade mental e espiritual. De tal forma que deixamos de ser levados pelo turbilhão mecânico e incontrolável dos acontecimentos. Entre os acontecimentos e nós, surge um espaço novo no qual a consciência se dá. A consciência interroga, por sua vez, o real e o próprio real descobre um 'lugar', a consciência, onde ele pode precisamente se manifestar, de tal maneira que, sem consciência, o real, ou aquilo que percebemos como tal, não pode existir.

A análise apenas racional das propriedades da matéria e da energia é, portanto, insuficiente para nos fazer perceber a globalidade. Falta-nos algo mais, um olhar diferente, que vá mais fundo, mais longe e mesmo mais alto, um olhar ao mesmo tempo holístico e transdisciplinar.

A complexidade entrópica e a complexidade viva

No começo era a complexidade[6]

Edgar MORIN

A natureza é a imagem por excelência da complexidade viva, isto é, da interdependência total das plantas às flores, das flores aos insetos, dos insetos às bactérias. E isto vale para todas as espécies, inclusive o homem, o que faz os poetas dizerem que cada ser e cada erva tem sua estrela.

A 'magia natural' de todas as coisas existe na comunhão do homem com a natureza sobre a qual assenta-se a inspiração de todos os poetas e todos os artistas. Do mesmo modo, a ciência é uma questão colocada à natureza e não uma forma de reduzir a natureza à ciência. Por causa disso, as leis biológicas do ser vivo têm sua parte invisível inerente às incontáveis interações, determinadas pelas forças cósmicas, telúricas ou outras, que não podem ser reduzidas pela ciência. Para exprimir toda a globalidade, a ciência encontra assim sua finalidade na dimensão simbólica, poética e filosófica. Da mesma forma que os números primos são números irredutíveis, enquanto na aritmética não existe nenhuma demonstração permitindo afirmar que uma hipótese

---

[6] Edgar Morin, *La Méthode*, vol I: *La Nature de la Nature*, p. 149, Ed. Seuil, 1977.

é correta e as outras falsas, nunca é possível provar o que quer que seja com uma certeza absoluta, como demonstra o teorema de Gödel. A complexidade do ser vivo exprime uma harmonia infinita, enquanto a complexidade proveniente da mente humana determina um caos não menos infinito.

Viver em nossos dias, significa afrontar uma complexidade social gerada apenas pelos processos da mente, portanto do aprisionamento. As 'especializações' decorrem, por exemplo, da complexidade da mente, de tal modo que 'especialistas', por sua vez, produzem subespecialidades ao infinito. Além disso, cada especialidade produz seu próprio vocabulário e, portanto seus dicionários, que hoje em dia contêm em seu conjunto mais de um milhão e oitocentas mil palavras. A informática também gera sua própria linguagem, uma *linguagem cibernética* com consonâncias de ficção científica. A cada ano, mais de um milhão de comunicações científicas são publicadas apenas em língua inglesa e isso desde os anos cinquenta. A grande maioria dessas publicações só pode ser compreendida por um pequeno grupo de especialistas. Portanto, ninguém mais está à altura de analisar a enorme massa de conhecimentos acumulados pela ciência contemporânea. Um saber exponencial que contém, talvez, novas ciências e conhecimentos inimagináveis.

Durante o Renascimento, um estudioso como Pico de la Mirandola era célebre por sua imensa cultura. Sozinho, ele exprimia o conjunto dos conhecimentos de sua época. Hoje um Pico de la Mirandola teria as maiores dificuldades para dominar todos os aspectos de uma única grande disciplina como a medicina ou a física. Realmente, os 'cientistas-teóricos' representam uma pequena minoria. Os 'cientistas' são geralmente técnicos especializados em uma especialidade ou em uma sub-sub-sub-especialidade, e a maior parte do tempo já não sabem ou não podem se comunicar entre si dentro de uma mesma disciplina. O homem torna-se assim cada vez mais isolado num saber cada vez menos comunicável e cada vez menos controlável.

Este aprisionamento mostra que progressivamente o saber humano escapa ao homem e à própria ciência. Por outro lado, começamos a alcançar o poder oculto deste saber submerso. Uma metaciência ou uma mágica-ciência age no mais absoluto segredo, a exemplo das pesquisas sobre as biotecnobiologias, a engenharia-genética, os produtos químicos, o núcleo atômico, como nos inúmeros laboratórios que estudam e elaboram as novas armas de guerra e de destruição. A modernidade produz assim processos tão temíveis quanto incontroláveis que, de ameaças potenciais, podem a qualquer momento tornar-se reais. O implícito só espera, se me permitem dizê-lo, o momento de se tornar explícito. As catástrofes espetaculares preexistem de maneira insidiosa, mas essa preexistência, ainda que muitas vezes percebida por cientistas conscientes e responsáveis, não é aceita pela consciência das autoridades 'oficiais', pois ela perturba sua rotina mental e os levaria a uma 'atitude responsável' para a qual eles estão mais preparados do que qualquer um, na medida em que ser *politicamente correto* significa praticar em todas as ocasiões a arte dos compromissos. Isso leva necessariamente a uma maneira voluntária ou involuntária de mentir aos outros e a si mesmo. É por isso que o político, ao menos nas sociedades liberais, precisa administrar as contradições próprias às situações e à natureza humana, pois ele não pode escapar, mesmo que quisesse, à inevitável 'mentira', enquanto que o filósofo, cioso de sua liberdade, mantém-se à distância do político, cuja necessidade ele reconhece como um mal menor.

A ficção científica há muito tempo tem fantasiado sobre o aparecimento de uma nova espécie de cérebros abstratos e tecnológicos, eles próprios conectados a 'cérebros-máquinas', tudo nas mãos de super-homens nietzschianos capazes de robotizar e, até mesmo, reduzir a escravos o conjunto da espécie humana, com o risco de fazê-la desaparecer. Estes homens-cyborg já existem. Seu 'poder' é não-localizável, virtual e invisível. Eles se manifestam em tempo real, desviam contas bancárias ou *quebram* os sistemas informáticos mais protegidos. Recentemente pode-se demonstrar que, com a ajuda de computadores extremamente poderosos, nenhum sistema, quaisquer que sejam seus códigos de proteção, é realmente inviolável. Ninguém está capacitado a dizer o que seria capaz de produzir uma 'guerra eletrônica'. Uma tomada do poder planetário por meio do poder informático é cada vez menos uma ficção. A dominação do mundo pelas técnicas informáticas já é concebível.

Entretanto, o sistema tem vários calcanhares de Aquiles. Philippe Quéau evoca a 'guerra eletrônica', ilustrando brilhantemente essa faculdade dos sinais de informação de serem falsificados, manipulados, desviados, captados e usados para melhor enganar o adversário. A fronteira entre o verdadeiro e o falso torna-se cada vez mais impalpável e existem cada vez menos pedras de toque que permitam a distinção dos diversos níveis de verdade das representações e a avaliação de sua credibilidade. É por isso que Philippe Quéau propõe "que se instituam barreiras, que se estabeleçam as bases de uma ética do imaginário virtual".

Essa famosa *complexidade* provocou uma tomada

de consciência progressiva: seria possível ordenar o caos das disciplinas, ligá-las parcialmente, disciplinar ainda que pouco um sistema cada vez mais 'indisciplinado'? A pluridisciplinaridade e a interdisciplinaridade tentam reunir e fazer convergir diferentes aspectos do saber, restabelecer as junções, descobrir as conexões, visualizar sob formas gráficas uma geografia das interações entre diferentes disciplinas, sendo o objetivo comum procurar mais coerência e mais eficácia. No entanto, esse procedimento do espírito lógico permanece no mesmo nível das disciplinas. São métodos de racionalização que não impedem de forma alguma as disciplinas de crescer e progredir.

A entropia do sistema é irreversível?

A impossibilidade de dominar o sistema aparece em todos os campos. Complexidade rima cada vez mais com fragilidade. Um bom exemplo disso são as trocas financeiras. No nível planetário elas causam vertigem: diariamente, em tempo real, três trilhões de dólares trocam de mãos no planeta, imensa bolha especulativa a 98% onde, com cada vez mais frequência, surgem buracos gigantescos, buracos invisíveis que subitamente alcançam a faixa do bilhão de dólares, espantando todos os especialistas. Como é possível que, com todos os meios de controle disponíveis atualmente, tais fenômenos aconteçam? Esses 'buracos' demonstram a fragilidade do sistema monetário. Aqui, como no caso da aids e do sangue contaminado ou das 'vacas loucas', a face oculta do sistema aparece sob a forma de grandes catástrofes apenas quando é tarde demais.

Na verdade, existe uma legião de disciplinas incontroláveis: engenharia-genética, biotecnologias, armas-virais ou químicas, armas nucleares e até armas informáticas, são apenas as mais aparentes. Um fio invisível liga o aparente ao escondido, principalmente a explosão de doenças que acreditávamos vencidas, o aparecimento de novos vírus. A deficiência imunológica, isto é, a perda de resistência do organismo às agressões virais, já não diz respeito apenas aos doentes atingidos pela aids, mas tende a atingir o conjunto das populações 'civilizadas', do mesmo modo que a diminuição inquietante da fertilidade masculina, que já atinge um a cada dois americanos e mais ou menos 30% dos europeus. Esta fragilização progressiva do organismo humano é, entre todas, a mais preocupante. Por mais que os cientistas alertem que as manipulações genéticas em plantas e animais, qualquer que seja a sua natureza, podem provocar o aparecimento de espécies monstruosas e devastadoras, nenhum poder consegue reduzir a força dos *lobbies*. Uma ciência sem consciência coloca todo seu poder a serviço das mais cínicas rapinagens financeiras. Em nome da 'conquista dos mercados', todas as considerações éticas ou humanas desaparecem instantaneamente. A globalização do sistema tornou o próprio sistema incontrolável e ingovernável. Progressivamente o Sistema substitui o Estado e o direito dos indivíduos. O próprio Estado reflete o sistema em sua administração e suas leis sob mil formas coercivas, aumentando a complexidade da vida através de inúmeras leis e decretos, a ponto de paralisar o próprio sistema econômico, de tornar o fluxo das trocas cada vez mais difícil. Os cidadãos exasperados resistem, revoltam-se e, de exterior, a guerra social se transforma em interior. O indivíduo no seio de coletividades profissionais afronta os poderes do Estado. Progressivamente, sob a ação de suas próprias cargas, incoerências e contradições, o Estado, já não conseguindo enfrentar essa situação, transfere suas obrigações para o 'setor privado'. O setor privado, por sua vez, torna-se rapidamente não localizável, provocando o desemprego e novas revoltas. O conjunto do sistema sofre sua própria entropia e oscila entre inflação monetária e deflação. Em última análise outras forças incontroláveis e imprevisíveis aparecem bruscamente, fazendo com que esse frágil castelo de cartas desmorone.

O sistema-catástrofe não tem outras saídas senão

sua própria entropia, mas a entropia econômica e social, somada à das poluições, faz com que o *elan* vital do planeta decresça e a soma das violências entre o homem e a natureza aumente.

A crise da 'vaca louca' fez com que o público tomasse consciência de que, sem o suspeitar, cada um de nós podia estar ameaçado até em sua alimentação. Do mesmo modo, as frutas, legumes, cereais e alimentos manipulados geneticamente começam a ser comercializados. Como se não bastasse, a cada ano, o aumento progressivo dos raios ultra-violetas, consequência da destruição progressiva e irreversível da camada de ozônio, torna a exposição ao sol no verão cada vez mais perigosa. Em suma, por todos os lados o céu desaba realmente sobre nossas cabeças, a ponto de o pavor do nuclear passar para um segundo plano. Até os mais inconscientes sentem cada vez mais que entramos na era da sobrevivência. As ilusões dos anos setenta e oitenta – vinte anos de expansão econômica e de especulações desenfreadas – estão bem lá para trás. O futuro radiante do 'Progresso' científico e material já não passa de uma longínqua utopia. No entanto, contra tudo e contra todos, o sistema continua a funcionar por sua própria força de inércia e o consumidor transforma-se cada vez mais numa presa consumível. A modernidade transformou o homem em refém de uma continuidade aparentemente inevitável: produção-consumo-morte. De fusões em mega-fusões, os sistemas econômicos dividem o planeta em zonas de influência e em mercados, instaurando com isso os poderes econômicos supranacionais, nos quais existe apenas a ética da lei do mais forte. Essa situação, em seu conjunto, leva ao esmagamento dos valores qualitativos da vida, sem que nenhum poder contrário tenha realmente meios para resistir.

A desinformação é inerente ao sistema, que, aliás,

garante para si o controle das mídias. Todos sabem que a nuvem de Tchernobyl parou nas fronteiras francesas, que o sangue contaminado era vendido apesar dos reiterados avisos e que as vacas, carneiros, porcos, frangos, eram engordados há dez anos com farinhas animais, contrariando a sua natureza. Três exemplos atuais, entre mil outros menos conhecidos, que ilustram como o espírito mafioso se apossou da economia e impõe sua lei com a cumplicidade das administrações e dos Estados. Com isso, o cidadão tem por certo que já não é protegido por nenhuma ética e que ele mesmo deve organizar, se preciso, sua própria defesa. A ordem das coletividades e dos grupos de interesse opõe-se à das Instituições. Assim cria-se o desvio totalitário, assim instaura-se um estado de violência e de anarquia que torna a situação impossível de ser gerida. O sistema causal, com ideologia mercantil e liberal, torna-se incapaz de dominar as forças contraditórias por ele produzidas. A própria mundialização da economia e a abertura dos mercados surgem como a derradeira possibilidade para restabelecer um equilíbrio geral à semelhança dos vasos comunicantes. Isso sem considerar a emergência toda-poderosa do Oriente, que apesar das aparências, é uma globalidade econômica fortemente antiocidental e que, no momento adequado, dará uma 'lição' aos arianos bárbaros que nada entenderam.

Essa visão apocalíptica decorre da subversão dos valores em que o Ocidente mergulhou, ela mesma decorrente da ruptura do homem com a natureza. Nessa situação de sobrevivência planetária o que pode o indivíduo fazer? Mesmo se esse indivíduo pertence e serve o sistema, qualquer que seja seu poder, mais cedo ou mais tarde ele será sua vítima. O sistema não protege ninguém, nem mesmo seus melhores servidores. É um monstro totalmente cínico e frio, uma Entidade supra-humana, fruto da mente humana, tal qual uma *egrégora*.

Ora, cada um de nós quer imaginar que exista um futuro para nossos filhos e netos. A reação natural, consciente ou inconsciente, consiste em minimizar e até mesmo negar os perigos, e isso, com razão, na medida em que esse inconsciente defende acima de tudo os valores da vida. O que não impede, infelizmente, a irreversibilidade dos fenômenos. Uma ciência sem consciência destrói na fonte tanto a ciência como o homem. É ante esse fundo dramático, o do possível fim do homem e da espécie humana, que aparece, como uma semelhança do Ginkgo Biloba de Hiroshima (a árvore que sobreviveu à bomba atômica), o pensamento holístico e transdisciplinar.

Ciência e tradição: da complementaridade à convergência

Para o pensamento mágico, a natureza é um organismo vivo, dotado de inteligência e de consciência. O postulado fundamental do pensamento mágico é o da interdependência universal: a Natureza não pode ser concebida fora de suas relações com o homem. Tudo é signo, traço, assinatura, símbolo.[7]

Basarab NICOLESCU

Os grandes Colóquios internacionais do pós guerra: Córdoba (1979), Tsukuba (1985), Veneza (1986), Vancouver (1989) e Tóquio (1995), ilustram, cada um de maneira complementar e diferente, o surgimento de uma realidade global ou holística e a ruptura progressiva, depois definitiva (Tóquio 1995), com a ideologia cientificista e determinista da modernidade.

A complementaridade entre ciência e tradição é, como sabemos, o grande tema da *Declaração de Veneza.* Só nove anos mais tarde, na *Mensagem de Tóquio*, a palavra 'complementaridade' foi substituída por 'convergência'. Convergir significa dirigir-se para o mesmo ponto. As duas árvores separadas em Veneza (é o sentido da palavra complementaridade) tornam-se então uma única árvore ciência-tradição, significando que, ao me-

---

[7] Basarab Nicolescu, *La Transdisciplinarité, Manifeste,* Ed. Rocher, p. 88, (O Manifesto da Transdisciplinaridade, Ed. Triom, 1999).

nos no nível conceitual, há um só Todo, uma só árvore do Conhecimento, um só Oriente-Ocidente.

Sempre pensei que só pudesse haver uma árvore do Conhecimento, qualquer que fosse sua complexidade aparente. O fato de todas as coisas existirem num real aberto é confortador para o espírito. Um real solúvel onde toda 'medida' se dissolve, assemelha-se mais a um pensamento do que à uma máquina, como tantos físicos e filósofos tão frequentemente disseram. Um real um tanto quanto irônico, que deixa o homem brincar entre seus espelhos. O homem capta seus reflexos, que interpreta sob a forma de conhecimentos, os quais lhe dão a ilusão de atravessar o espelho das aparências e que, no entanto, sempre lhe devolvem apenas seus próprios reflexos ou questões. Chega-se a pensar que nenhum pensamento conceitual e nenhum enfoque científico jamais nos permitirá atravessar o espelho e conhecer *Alice no País das Maravilhas*.

Os ensinamentos das grandes sabedorias e das Tradições são essenciais para enriquecer e até mesmo iluminar o espírito científico. Raros foram aqueles que, nos anos setenta, aceitavam esta idéia. Atribuía-se às Tradições, na melhor das hipóteses, um interesse literário ou poético. E mesmo hoje, apesar do grande número de obras que surgiram sobre esse assunto, tudo está para ser feito para mostrar, com um rigor igual ao do procedimento científico, que o pensamento Tradicional também é um conjunto de ciências e de disciplinas muitas vezes de inimaginável complexidade e que poucos ocidentais conhecem.

Sempre que surgia uma oportunidade, tentava-se fazer com que o público se interessasse pelo pensamento tradicional. O tempo limitado de uma conferência permite, quando muito, que se aborde alguns aspectos de várias sabedorias extremamente diferentes em sua ciência do ser e do real, mesmo se fundamentalmente o pensamento tradicional é como uma multiplicidade de raios convergindo para o mesmo centro. Nele descobrimos a ciência da consciência e dos estados do ser, como no sufismo, uma ciência das energias do Vazio, no taoísmo, uma ciência do 'terceiro incluído', no Shivaísmo (pois Shiva é tudo e seu contrário). Os três níveis da realidade encontram-se nos Veda, a análise da causalidade dos atos e de sua 'atualização' ou de sua manifestação invisível, no budismo, o sentido alquímico da purificação está no xintoísmo, uma ciência da morte no Bardo Thödol tibetano e, no cristianismo, se descobre nas Escrituras a alquimia de todas as ciências inscritas na visão da pura transcendência. Cada tradição é inesgotável em si mesma. Dizem que seriam necessárias mais mil vidas para esgotar a ciência dos números na Cabala. Esse tipo de observação era totalmente inaceitável para o pensamento científico clássico. Ele finalmente é possível porque a física quântica mostra que a própria ciência tem valor de símbolo. Basta uma frase para compreendê-lo. Para a questão: de onde vem o mundo cósmico? A resposta é: do vazio. A partícula aparece do vazio quântico (um vazio que não é o nada, mas uma globalidade de energias incomensuráveis). Para a pergunta: para onde vai o mundo cósmico? A resposta é: para o vazio. E o que diziam os taoístas há mais de 4000 anos? A criação é um traço entre dois vazios.

O pensamento reducionista, ainda que ele próprio já não repouse sobre base alguma, continua a impor a idéia de que só há ciência na observação objetiva. A incrível força desse dogma ultrapassado impede os espíritos de imaginar que as vias de acesso ao conhecimento podem ser várias. Diante dessa reflexão, quantas vezes físicos clássicos me responderam: "Eu não conheço senão a câmara de bolha e a desintegração das partículas, não há outra ciência além dessa". Eu lhes dizia que sua ciência era antes de tudo um ato de violência: a única maneira de conhecer as partículas consiste de fato em desintegrá-las nos aceleradores cada vez mais poderosos e observar os traços do fenômeno em milhões de fotos. Os tempos modernos não inventaram nada melhor que a violência total para questionar o real, sem imaginar jamais que poderia haver uma infinidade de outros meios de acesso ao conhecimento do real. Bilhões de homens viveram antes de nós, e todo pensamento produzido durante milênios não teria a menor realidade, porque durante dois séculos acreditou-se que dois e dois são quatro. A partir disso, é possível negar tudo e violência, fechamento, proibição, são os únicos argumentos do cientificismo. Sem sequer evocar a hipótese, que nenhum físico pode excluir, de uma reação desconhecida – mesmo se considerada altamente improvável – vir a desintegrar todo o planeta num piscar de olhos.

Lembro-me de um colóquio-debate na Sorbonne, organizado em homenagem a Stéphane Lupasco, em 24 de abril de 1982. O próprio Stéphane Lupasco participou. Até então eu nunca o havia encontrado, de modo que ele perguntou quem eu era. "É alguém interessado nas tradições", lhe responderam. Lupasco fez uma careta. Ele foi tranquilizado quanto ao sentido amplo que eu dava à palavra 'tradição'. Eu pensei que o público se interessaria numa comparação entre o pensamento de Lupasco e o pensamento alquímico tradicional. Escolhi, a título de exemplo, ilustrar as três palavras chaves de Lupasco: *potencialização, atualização e estado T.*

Todos nós conhecemos o fenômeno da mutação

da lagarta em borboleta. Esta mutação opera-se em três tempos, que correspondem perfeitamente aos três conceitos chaves de Lupasco.

Potencialização e atualização. Num dado momento, tudo aquilo que no organismo da lagarta a mantinha em seu estado vai se inverter, os glóbulos brancos que normalmente protegem o corpo contra a agressão das bactérias precipitam-se ao contrário no corpo da lagarta e desintegram a maior parte de seus tecidos: músculos, aparelho intestinal e até a pele. Da lagarta original, resta apenas o coração e o sistema nervoso. Durante um momento, a antiga lagarta já não existe e a futura borboleta ainda não existe.

Estado T. Apesar do ataque dos glóbulos brancos, espécies de ilhotas embrionárias insensíveis aos fagócitos formarão, na hora certa, novos órgãos adaptados às funções e à alimentação totalmente diferentes da borboleta. Todas essas metamorfoses do ser vivo mostram que os processos de uma verdadeira alquimia biológica entram em ação para produzir um novo ser, a borboleta, complemente diferente das partes de que saiu.

A alquimia também considera que todos os processos são determinados por três aspectos, denominados: *Obra em negro, Obra em branco* e *Obra em vermelho. A obra em branco* responde perfeitamente ao conceito da potencialização. É o estado vivo no qual todas as coisas se encontram.

A obra em negro exprime o conceito entrópico de precipitação e de homogeneização, como diz Lupasco. Todas as coisas são real ou simbolicamente colocadas no cadinho para sofrer uma nova fusão e reaparecerum novo estado. Assim os processos vivos são submetidos a diversas formas de dissolução ou de decomposição bacteriana que tornam a matéria novamente disponível para a vida. As civilizações sofrem uma sorte análoga quando um princípio excessivamente dominante tornase entrópico. O desmoronamento interno precede o do conjunto das estruturas. Uma 'arteriosclerose' simbólica paralisa a sociedade que desaparecerá, às vezes muito rapidamente, a partir de múltiplas causas: doenças, conquistas, ou depois de um desmoronamento interno.

A obra em vermelho exprime o renascimento e a vida. De novo a força de expansão, de heterogeneização ou de negentropia se manifestam. Recomeça o ciclo vivo.

Estes três princípios alquímicos têm seu corolário no pensamento hindu, sob os nomes de *satva*, que correspondente à harmonia natural, à luz, à pureza; *tamas*, que exprime as forças da entropia da obra em negro, as forças da ignorância e da obscuridade; e *rajas*, a obra em vermelho, a vida que renasce, a força da expansão que pode se manifestar com violência como a paixão, o que sugere que a vida, mais que um abraço, é um incêndio dos deuses.

Os deuses são forças cósmicas naturais que têm tantos níveis de consciência quanto nossa própria consciência e tantos olhares para serem trocados quantos olhares temos para lhes dirigir. No entanto, se nossa consciência e nossos olhares permanecem limitados, acredito que estes deuses possuidores de extrema vitalidade se sentem frustrados e até mesmo fortemente encolerizados; eles necessitam de um todo relativamente elevado de vibração para existir. Para falar claramente: nossa visão míope faz os deuses morrerem. Mas é de se temer que antes disso acontecer os deuses sacudam suas jubas e então saberemos o que significa a natureza de seus abrasamentos.

A não-separabilidade e a dramática história do desaparecimento do real objetivo

Quem teria imaginado, em 1900, que em cinquenta anos saberíamos muito mais e compreenderíamos muito menos![8]

EINSTEIN, em 1954

A definição do termo 'não-separabilidade', nos levou às próprias raízes da física contemporânea e à dramática confrontação que daí resultou entre a física clássica e a física quântica. Entretanto, esta não-separabilidade é difícil de ser compreendida tal como o conceito da consubstancialidade, da homogeneidade, do *bootstrap* ou qualquer outro conceito exprimindo a idéia de que a parte está associada ao todo, instantaneamente, sem que o que quer que seja se desloque no espaço-tempo ou *possua* um espaço-tempo, por ínfimo que seja.

De maneira empírica, a não-separabilidade também não é utilizável na realidade comum. Desse ponto de vista, não é possível enviar sinais além da velocidade da luz. No entanto, assim como não podemos provar a separabilidade entre dois pensamentos, a não ser que eles não possam, emergindo no espaço tempo, senão se

---

[8] Philippe Franck, *Einstein, sa vie et son temps*, p. 457, Ed. Albin Michel, 1968.

manifestar simultaneamente, não podemos afirmar nem negar que exista uma não-separabilidade entre o pensamento e o mundo cósmico. Gostaria, nesse sentido, de citar Bernard d'Espagnat: "Um ensinamento maior da física contemporânea fundamental é, mais uma vez, que a separação espacial dos objetos também é, em parte, um modo da nossa sensibilidade. É portanto legítimo enxergar, no conjunto das consciências de um lado, e o conjunto dos objetos de outro, dois aspectos complementares da realidade independente. O que é preciso entender com isso é que nem um nem outro existem em si, mas só têm existência um pelo outro, mais ou menos como dois espelhos frente a frente. Os átomos contribuem para criar meu olhar, mas meu olhar contribui para criar os átomos, isto é, para fazer as partículas emergirem do potencial para o atual, de uma realidade que é um Todo indivisível para uma realidade estendida num espaço-tempo."[9]

É mediante esse enfoque que podemos compreender o sentido da não-separabilidade: a Manifestação ou mundo dos fenômenos é Consciente e essa Consciência produz o mundo dos fenômenos. As informações a seguir me parecem úteis para compreender seu aparecimento histórico.

Desde Newton, a física clássica caracteriza-se pela 'medida'. A realidade aparecia objetiva porque era mensurável, o objeto era distinto do sujeito e a medida era determinada pelo espaço e o tempo. Esse paradigma estabelecia o fundamento de toda lógica. Porém, em 1900, Max Planck descobriu que a realidade tem duas faces, a partícula é ao mesmo tempo corpúsculo e onda.

---

[9] Bernard d'Espagnat, *A la recherche du réel*, p. 95.

O universo lógico da medida caiu por terra. Foi um imenso choque para todos os físicos, começando pelo próprio Max Planck. Desde então, como relata Werner Heisenberg em seu livro *La Partie et le Tout*[10], Albert Einstein, Niels Bohr, Paul Dirac, Pauli, Erwin Schrödinger e muitos outros, tiveram intermináveis e apaixonadas discussões sobre os novos e revolucionários aspectos da nova física. Einstein não podia, pessoalmente, admitir uma visão quântica totalmente oposta à física clássica. Para ele a realidade local não era questionável. Ele achava que a física quântica só podia predizer probabilidades e que apenas a realidade objetiva oferecia uma descrição completa do mundo.

Com as *relações de indeterminações* de Heisenberg, não só passou a não ser possível saber *ao mesmo tempo* a posição e a velocidade exata de uma partícula, mas também não se podia dar (em geral) à partícula posição nem velocidade determinada. O real tornava-se fugidio e mutável como a cor de nossos pensamentos. A consciência do observador aparecia implicada na medida. O real 'objetivo' não mais existia.

Na época de Newton, o espaço e o tempo eram contínuos, separados e mensuráveis. Uma realidade confortável para a mente. Em nossos dias, só o que está em questão são os espaço-tempo. O fato de eles estarem ligados indica que são vistos como um único todo, ou ainda que o tempo decorre do espaço e o espaço do tempo. Einstein descobriu que o tempo estava relacionado com a velocidade: quanto maior a velocidade, menor o tempo.

No entanto, tudo começou com a publicação do

---

[10] Werner Heisenberg, *La Partie et le Tout*, Ed. Albin Michel, 1972.

célebre *Princípio de Indeterminação* de Heisenberg que, por sua vez, confirmava a constante de Planck. A ciência acabava de sofrer um choque considerável. A ordem clássica fora completamente alterada: o *princípio de indeterminação* era um princípio de incerteza que derrubava todas as certezas. A partícula escapava do homem e, pior ainda, o homem e a partícula tinham alguma coisa em comum: a observação. Com efeito, era o ato de observar que determinava o fato de o elétron aparecer em seu aspecto de feixe de ondas ou de corpúsculos.

Werner Heisenberg conta uma longa discussão com Einstein em 1926. "Einstein me lançou um olhar um tanto quanto inquiridor. Por que você acredita tão firmemente em sua teoria enquanto tantas questões essenciais ainda permanecem completamente inexplicáveis?"[11] Em que pensava Einstein dizendo isso? Podemos compreendê-lo numa carta particular enviada a uma amiga em 28 de dezembro de 1954, no fim de sua vida:

"...é preciso procurar uma subestrutura, uma necessidade que a teoria quântica atual esconde habilmente aplicando a forma estatística. Porém, faz muito tempo que estou convencido de que não será possível encontrar essa subestrutura por uma via construtiva *partindo do comportamento das coisas físicas conhecidas empiricamente, pois o salto concepcional (conceitual) necessário ultrapassaria as forças humanas.*"[12]

O que Einstein entendia por 'subestrutura'? Uma realidade total além até mesmo da não-separabilidade? Uma realidade última que o levou a declarar a seu amigo Sommerfeld, grande físico dos quanta: *"Toda física é*

---

[11] Idem, p. 10.
[12] Idem, p. 457.

metafísica". Quaisquer que sejam as consequências extraordinárias que este fato implicava, era possível tornar a situação ainda mais complexa e a idéia partiu de Einstein, que queria mostrar o caráter incompleto da mecânica quântica. O que acontece de fato quando a partícula não é perturbada? Ela existe em si mesma num estado próprio. Observação que levou Einstein a publicar seu famoso paradoxo conhecido pelo nome *Paradoxo de Einstein, Podolsky, Rosen* ou *Paradoxo EPR*, publicado em 1935:

"Deve a descrição da Realidade Física da Mecânica Quântica se considerada completa?"

Pela primeira vez aparecia na ciência a idéia de que a realidade podia ser um todo indivisível: "Basta-me portanto indicar que o cálculo prova e a experiência verifica que dois sistemas que interagiram ou vão interagir não são separáveis, mesmo se não houver nenhuma conexão presente entre eles".

Assim Einstein dirigia uma lição a seus colegas – Niels Bohr, Heisenberg, Schrödinger – e à Escola de Copenhagem em seu conjunto. Ele lhes dizia explicitamente: a teoria de vocês não está completa, ela não leva em conta uma realidade que escapa à observação e às medidas. O Real existe em si mesmo.

Seu paradoxo solapava não apenas a causalidade local, mas também a Relatividade. Ele vinha abalar as últimas trincheiras racionais do pensamento científico. O que, podemos imaginar, levantou resistências. Em 1935, Schrödinger disse que aceitar o *Paradoxo* era fazer com que a magia entrasse na ciência. Se, de fato, uma informação é instantânea, o vetor tempo passado-futuro desaparece. Em si mesmo, o futuro, o presente e o passado são um mesmo todo. Poderíamos, nesse caso, admitir os fenômenos de pré-cognição, de telepatia, de viagem no tempo. Perspectivas fantásticas demais poderiam decorrer do *Paradoxo*, a racionalidade do mundo desmoronaria. Para o próprio Einstein, essa situação era intolerável, tanto que em 1949 ele voltou atrás e refutou sua teoria. Em 1958, Louis de Broglie havia denunciado sua incompatibilidade com o espaço-tempo. Em suma, era melhor, pela paz de espírito, colocar esse malfadado *paradoxo* na geladeira.

Mas a teoria existia como uma coluna inevitável, ela possuía seu próprio carisma. Um físico do CERN em Genebra, John Bell, fez dele a base de uma meditação constante. A tal ponto que, em 1964, formulou o conceito sob uma forma ainda mais precisa:

"Não pode existir teoria da realidade afirmando que acontecimentos separados sejam independentes sem entrar em contradição com a física quântica."

De coluna, o *paradoxo*, ou antes, sua nova definição, transformou-se em muralha. Por não querer admiti-lo, foi a vez da física quântica encontrar-se diante de um impasse. Para sair dele era preciso confirmar ou invalidar de uma vez por todas tal teoria de maneira absolutamente experimental e irrefutável. Todavia, restava uma última esperança: confrontada com a experimentação, a teoria talvez desmoronasse.

Somente em 1981, com a iniciativa de Alain Aspect, a colaboração de Philippe Grangier e Gérard Roger, sob a direção do Professor Bernard d'Espagnat, Diretor do Instituto de Ótica da Faculdade de Orsay, é que foram preparadas por muitos anos as condições extremamente complexas da experiência. Os resultados foram publicados na revista *Physical Review Letters* de 17 de agosto de 1981, vol. 47, nº 7. A experiência foi um sucesso. A não-separabilidade estava confirmada.

O futuro da visão transdisciplinar

Enquanto a visão tem alguma coisa para ver,
não é a verdadeira visão
Quando a visão é não-visão
isto é, quando a visão não consiste
no ato particular de ver
num estado de consciência nitidamente definido,
somente então há visão em sua própria natureza.

Suzuki

A transdisciplinaridade não é, evidentemente, a palavra mágica que se elevaria como um barreira contra todos os desastres planetários. Mas no contexto ocidental, é uma das palavras fortes que nos oferecem pelo menos uma tomada de consciência nova do saber e do conhecimento associados ao ser. É um retorno à ciência com consciência que nos é proposto. Uma visão operativa e operacional do Todo, se posso assim me exprimir. A transdisciplinaridade é uma reflexão sobre a natureza de nosso saber, sobre os processos da Complexidade no seio das disciplinas e na sociedade, mas é também uma reflexão sobre a natureza da própria mente, sobre suas capacidades de lógica e de racionalidade, e sobre seus limites. Uma reflexão sobre o ser e o fundamento imanente e transcendente do próprio real, sobre sua natureza sagrada.

A transdisciplinaridade me faz pensar no famoso Ginkgo de Hiroshima, 'a árvore de mil escudos' que se erguia não longe do Observatório. Ela também foi aniquilada pela explosão nuclear, mas oh!, surpresa, ela voltou a se desenvolver e a crescer, tornando-se assim o símbolo da vida renascendo a despeito da pior de todas as catástrofes.

Esta árvore da esperança parece-me atual. Uma visão pessimista do futuro planetário, compartilhado por todos os homens conscientes do Oriente e do Ocidente, não exclui a esperança. O desmoronamento quantitativo do planeta não significa necessariamente o desmoronamento definitivo dos valores qualitativos que felizmente continuam a existir e a se manifestar em grande número de pessoas, pois os valores do ser e os valores espirituais são próprios à consciência da maioria dos homens. A sobrevivência planetária pertence de fato a essa grande família que pode ser reconhecida nesses valores qualitativos, mas sem no entanto manifestá-los, pois a natureza espiritual e sensível dos seres levam-nos precisamente a se retrair face a um mundo hostil. No entanto, a sobrevivência planetária é responsabilidade de todos, de modo que cada ser tem o dever de combater mais do que nunca para manifestar tais valores e, se possível, tornar este mundo mais humano.

Tomar consciência por si mesmo da unidade entre o homem e a natureza, entre o que liga a essência e a substância, serve para resistir às incontáveis formas e forças de agressão da modernidade. Em si mesma, essa consciência da Consciência, esse retorno ao próprio centro, restabelece a unidade céu-terra. É o que ensinam, desde tempos imemoriais, todas as ciências das energias orientais, cujos efeitos nas artes marciais modernas são tão espetaculares. Entretanto, se sob as mais diversas formas, começando pela relação com os outros, essa consciência não se manifestar na vida quotidiana, se ela não nos leva a mais humanidade e tolerância, essa consciência de nada serve. Tomar consciência da natureza visível e invisível do real como um único Todo e encarnar essa visão em sua vida é a melhor forma de intervir na complexidade aparente e real dos fenômenos e de contribuir para a geração de um novo real. A partir de então, a consciência pode agir, isto é, religar, integrar, fazer uma parte cada vez maior da humanidade participar desse novo real. Por isso, a árvore pode desenvolver-se e florescer apesar do caos que a rodeia. Essa árvore é, antes de mais nada, a volta ao sentido dos valores, à ética e à vida.

Não se trata portanto de reinventar um novo real que seria tão ilusório quanto o precedente, mas apenas de restituir ao homem a visão de uma globalidade de acordo com a própria natureza, portanto com a ordem viva. Ora, o ser vivo é tanto material como espiritual, ele se enraíza na terra profunda e eleva suas folhagens para o céu. Ele desenvolve seus galhos e suas folhas, mas tudo pertence a um único tronco.

A transdisciplinaridade inscreve-se no vasto movimento holístico dos tempos modernos, que tende a substituir as estruturas cientificistas ainda dominantes em nossas sociedades. No seio desse movimento, ela pode tornar-se a ponta de lança. A dificuldade de traduzir para o grande público as implicações humanas, sociais e políticas da revolução quântica, mostra que sem uma metodologia, sem uma nova linguagem que permita a compreensão do sentido holístico de nosso universo, a situação continuará a ser elitista.

O pensamento transdisciplinar é uma inteligência do real, ao mesmo tempo contra e a favor. *Contra* todos os fatores aparentes ou ocultos que conduzem o planeta, se nada for feito, a uma destruição certa e num tempo relativamente curto. *A favor* expressando por todos os meios os valores de vida e de sobrevivência implicados na visão de uma ordem viva e cósmica global e o papel determinante da consciência na Realidade. Percebe-se o imenso trabalho de informação, educação e formação em todos os níveis que tem que ser feito. Com efeito, apenas mudando o olhar dos indivíduos é possível mudar a compreensão do real.

Para tanto, o próprio pensamento transdisciplinar deve evoluir consideravelmente. Para começar, tem que encontrar uma linguagem apropriada para dirigir-se a um público mais amplo. Nascida há pouco, deve encarar os inevitáveis pesos dos indivíduos e das estruturas, além dos seus próprios. Tem que vencer em si mesma numerosos paradoxos entre sua base científica e sua visão metafísica. Ainda que 'ciência e tradições' estejam na origem de seu programa, praticamente nada é feito para dar um lugar às tradições, começando pela tradição cristã, e às personalidades ocidentais ou orientais que poderiam mostrar suas riquezas. Não se trata de um ecumenismo transdisciplinar, sem dúvida útil em outras circunstâncias, mas de um esforço para descobrir as riquezas milenares representadas pelas grandes sabedorias, especialmente as do Veda e do Vedanta, do Taoísmo, do budismo, do xintoismo, do jainismo e das sabedorias do Islão – enumeração sumária de fontes de espiritualidade e de conhecimento quase infinitas.

O objetivo sendo o de mostrar mais a *convergência* do que a complementaridade entre ciência e tradição, como indica a *Mensagem de Tóquio*. Isso tornou-se possível não apenas por ter sido reconhecido como fundamental pelos colóquios de Veneza e de Tóquio, mas porque a abertura da nova física quântica para os valores espirituais e para o homem já não precisa ser demonstrada.

Por outro lado, o mérito do pensamento transdisciplinar é de também ser um imaginário ativo. Em outras palavras, é o de interrogar incessantemente os níveis de realidade e de *reintroduzir uma ciência do ser na ciência do conhecer*. Restabelecer a relação e a integração, é devolver o corpo à árvore de um conhecimento uno. Pascal, Leibniz ou René Daumal conversam com Platão; Pico de la Mirandola ou Goethe, com Francisco de Assis; São João da Cruz e Jacob Boehme, com Krishnamurti, David Bohm e Bernard d'Espagnat. Todos juntos conversam com os grandes sábios dos Veda, dos Upanishad ou do pensamento Zen. Em nossos dias, Karl Pribram e o grande mestre do budismo Shingon, Kukaï (774-783), veriam mais que uma similitude entre o conceito holográfico e a mandala. Stéphane Lupasco ficou surpreso quando lhe mostrei as concordâncias de seu pensamento com o dos alquimistas. Se ele tivesse podido conversar com Rumi, este último lhe teria mostrado os graus da visão e Lupasco os da potencialização e da atualização. Os enfoques científicos, semânticos e espirituais tornam-se raios que convergem para o mesmo centro, cada um sabendo que esse centro pertence ao indizível.

A Complexidade é uma questão colocada aos aspectos aparentemente lógicos do real, mas que jamais podem ser reduzidos pela lógica, o que fez Basarab Nicolescu dizer que *"chegou o momento da ressurreição da Natureza"*, pois *"no vazio quântico, tudo é vibração, uma flutuação entre o ser e o não-ser. O vazio quântico é cheio, cheio de todas as potencialidades, da partícula ao universo."* Disse também que *"assistimos, no mundo quântico, a uma perpétua transformação energia-substância-informação, o conceito de energia aparecendo como o conceito unificador: a informação é uma energia codificada, enquanto a substância é uma energia concretizada".*[13]

Poderíamos dizer também que o pensamento transdisciplinar reintegra de maneira científica as dinâmicas matéria-psique-pensamento expressas pela palavra 'energia'.

Na Natureza, todas as propriedades têm uma resultante qualitativa e qualificante. A medida, a matemática, a geometria são as sombras de um real *transfinito*, como diria Lupasco. Elas nos indicam aproximações sucessivas do espaço e do tempo, da percepção e do movimento, mas elas são como que aspiradas para a Imensidão ou para o Além. Nesse sentido, as escalas conceituais são mais simbólicas que reais quando consideradas fora do segmento próprio à observação e à medida. Por isso, na transdisciplinaridade, o racional e a visão tornam a estabelecer uma aliança. *"Uma visão,* diz Nicolescu, *que se abre para um nível de realidade diferente... a do equilíbrio necessário entre a interioridade e a exterioridade do ser humano."*[14] Contudo, é incontestavelmente a descoberta do infinitamente pequeno que assegura a essa visão todo seu sentido, *"um acontecimento comparável à descoberta do novo mundo celeste no tempo de Galileu".*[15] A exploração quântica do mundo do invisível abre um 'imaginário quântico'[16], um mundo paradoxal, o da não-separabilidade, onde as noções de espaço e de tempo clássico desaparecem. Mal começamos a perceber a revolução absoluta que,

---

[13] Basarab Nicolescu, *La Transdisciplinarité, Manifeste*, p. 93, Ed. Rocher, 1996, (O Manifesto da Transdiciplinaridade, Ed. Triom).

[14] Idem, p. 164-5.

[15] Idem, p. 102.

[16] Idem, p. 103.

como dissemos, essa palavra não-separabilidade causa para o pensamento ocidental, que se apoia na idéia de que uma informação desloca-se de um ponto a outro e chega a imaginar a existência de uma velocidade supraluminosa. Ora, nada se desloca na não-separabilidade: A sabe o que B faz independentemente da distância e do tempo. Qualquer coisa é. Se tentamos, através de todos os enfoques possíveis e imagináveis, reintegrar esse ser do mundo cósmico na ciência, chegamos forçosamente a proposições relativas, parciais ou falsas. Nenhum princípio de 'localidade' se mantém. A física quântica transforma-se num imaginário não definível, o que Niels Bohr percebeu quando disse que, para aproximar-se dela, seria mais conveniente adotar a linguagem da psicologia ou da arte, ou a dos poetas, pois a linguagem da lógica e da razão já não eram apropriadas. O ser recupera seus direitos no sentido da experiência vivida. *"A palavra teoria,* escreve Nicolescu, *encontra assim seu sentido etimológico, o de contemplação."*[17]

Assim a ciência deve ser repensada, reinventada, talvez com outros olhares e outros imaginários, nos quais a transcendência e a imanência, a parte e o Todo, funcionem de forma diferente daquela em que se acreditou até hoje. Toda a nossa observação repousa, de fato, na idéia de que é observando o visível que penetramos nas leis do invisível. Porém, como observou Bernard d'Espagnat:

"Para construir uma noção, qualquer que ela seja, é preciso, em primeiro lugar – e no mínimo! – existir. Nenhuma sutileza semântica sobre a palavra 'existir'

---

[17] Idem, p. 105.

pode refutar essa observação elementar que também se exprime ao dizer que a noção de existência (ou de ser) é logicamente anterior à de conhecimento, uma vez que é preciso ser para conhecer."[18]

No entanto, o que precede o próprio Real? Que Ser preexiste ao conhecimento senão o Grande Ordenador divino a quem podemos atribuir todos os nomes, já que essa Inteligência absoluta é concebida ao mesmo tempo como Ser e Não-Ser? Em última análise, como disse o grande astrofísico Nicola Dallaporta: "*Somos realmente obrigados a chegar à metafísica, à metafísica das próprias tradições, que pelo menos tem a vantagem de ser infinitamente mais simples*". A física quântica é levada a constatar a ordem imanente e transcendente do Real tal qual a podemos observar em sua perfeição absoluta, cuja consequência é o fato de que a vida existe. A ordem cósmica não é uma causalidade originada de um acaso eventual, ela exprime uma Inteligência incrivelmente precisa cuja finalidade é a manifestação consciente da própria vida. É o que ressalta Nicola Dallaporta:

"*Se aumentássemos minimamente a intensidade das forças nucleares em relação às forças eletromagnéticas, todo hidrogênio do cosmo seria transformado em núcleos mais pesados; e vice versa, se a diminuíssemos na mesma proporção, o universo conteria apenas hidrogênio. Tanto num como noutro caso, não haveria nenhum composto orgânico e portanto nenhuma vida."*[19]

---

[18] Bernard d'Espagnat & Etienne Klein, *Regards sur la matière*, p. 197, Ed. Fayard, 1993.

[19] Nicola Dallaporta, *La déclaration de Vancouver, Emergences métaphysiques et rôle de l'homme dans l'univers*, p. 46-47, Atos do colóquio da UNESCO, 1990.

A ciência e o conhecimento descobrem, portanto, uma *"zona de resistência absoluta"* que *"resiste a qualquer compreensão, não importa de que nível"* escreve Basarab Nicolescu. Assim: *"O sagrado adquire um status de Realidade, do mesmo modo que os níveis de Realidade, sem constituir no entanto um novo nível de Realidade, pois ele escapa a todo saber. Entre o saber e a compreensão há o ser."*[20]

A árvore da visão física, metafísica, poética ou consciente, recobra todos os seus direitos. A transdisciplinaridade, em seu sentido profundo, é o caminho ou os níveis de realidade da visão. E, mesmo se essa visão permanece incomunicável e irredutível, ela é esse grande sol, ou essa Energia-Inteligência-Consciência que reintegra uma nova aliança em nosso planeta. Para além da 'não-separabilidade' ressurge a Unidade. A ciência pode continuar a se descobrir ciência da pergunta e o Real pode continuar a responder, de acordo com a natureza e a qualidade, às perguntas que lhe serão feitas pela ciência, pela filosofia ou pela metafísica.

---

[20] Basarab Nicolescu, *La Transdisciplinarité, Manifeste*, p. 107, Ed. Rocher, 1996, (O Manifesto da Transdisciplinaridade, Ed. TRIOM).

Prólogo

por Michel CAMUS

Aspectos retrospectivos sobre o congresso de Arrábida

Obcecados por suas próprias pesquisas, os pesquisadores são geralmente almas solitárias mais enraizadas em sua solidão nutritiva do que o comum dos mortais.

O microcosmo de Arrábida não escapou à regra. As exceções foram as naturezas mais abertas e mais expansivas. Bastaram um ou dois dias para que um conjunto de pesquisadores (desconhecidos entre si) gerassem, por afinidades eletivas, subconjuntos. Na presença de mais de setenta pessoas, ninguém consegue, em quatro dias, ver todos. É a fome de conhecimento (a terceira fome) que sempre levou um literato como o sociólogo Edgar Morin a se abrir para o espírito científico, ou um físico quântico como Basarab Nicolescu a se abrir, não sem rigor, ao espírito poético e metafísico (seu livro recente, *Théorèmes poétiques*, o prova).

Foi uma revolução em duplo sentido. Uma esperança de ver enfraquecer os integralismos literários de um lado e os científicos de outro. Já em 1932, o poeta René Daumal havia atraído a atenção dos 'Franceses que pretendem pensar' para a fenomenologia da consciência experimentada e descrita com santo rigor ascético pelo matemático Edmund Husserl. Fora algumas exceções, tanto entre os literatos como entre os cientistas, Daumal está longe de ter sido entendido.

Uma outra janela foi aberta pelo Colóquio de Córdoba 'Ciência e Consciência'. Graças à fé que move montanhas (principalmente a de Lima de Freitas em Lisboa e de Basarab Nicolescu em Paris), Arrábida abriu, por sua vez, uma nova janela no concreto dos malentendidos, das exclusões e das cegueiras. Graças à magia do espírito dos lugares, à força do desejo de autogeração do espírito transdisciplinar, o *melting-pot* (cadinho) de Arrábida não deixou de provocar alguns encontros verdadeiramente transdisciplinares, no sentido de que seres humanos puderam viver entre si relações transpessoais, por exemplo, em seu enfoque do Enigma do terceiro secretamente incluído entre si e o outro, como em toda oposição binária. Em outras palavras, puderam trocar entre si propostas baseadas em experiências vividas através e fora de sua própria disciplina. Não tendo até então participado senão de colóquios internacionais no campo literário (incluindo filosófico e poético), Arrábida permanecerá para mim como um ponto de referência: minha primeira participação num congresso que reunia uma maioria de cientistas puros e rígidos. Divina surpresa de nele descobrir físicos ou matemáticos habitados por um certo sentido do sagrado, uma busca iniciática ou uma arte poética da vida.

Não estou falando aqui para julgar o conjunto do Congresso. Bastaram-me alguns encontros essenciais, digamos simplesmente, novos e preciosos amigos (Deus sabe que a verdadeira amizade é mais eterna que os amores mortais) para constatar quanto, com toda subjetividade, esse Congresso foi frutífero para mim. Alguns logo compreenderam que a pesquisa transdisciplinar não era uma nova disciplina, uma via especulativa como as outras, mas uma via operativa que comprometia o homem *por inteiro*: não apenas "numa alma e num corpo" (Rimbaud), mas em todos seus níveis de ser-consciência-conhecimento, no sentido de *Sat-Chit-Ananda*. Linguagem provisória. Linguagem redutora. Pois Roberto Juarroz percebeu claramente a questão chave, a da linguagem da experiência efetivamente vivida do espírito transdisciplinar. Linguagem a ser criada de A a Z.

Por ocasião da discussão geral sobre a Carta, vimos pesquisadores voltarem a ser crianças, ter medo das palavras. Chocarem-se contra elas como contra escolhos. Quem não sente de algum modo palpitar em si o sangue nutritivo do sentido, só lhe resta roer espinhas e ossos. O que teriam entendido se a Carta tivesse verticalizado mais o sentido transcendental que ela contém em potencial! Também nesse caso será preciso um dia ousar intensificar a linguagem dessa primeira Carta exatamente como a *obra em branco* está necessariamente destinada a virar *em vermelho*.

Quanto àqueles que tiveram tempo, dentro de um espírito de recolhimento, de visitar lentamente o antigo Convento franciscano ou de subir o caminho transversal das capelas até o cume da colina próxima, estes terão de Arrábida uma lembrança maravilhosa. Um *Wunderland* de silêncio escondido no meio da espessa vegetação do discurso.

Olhando para trás, o que realmente guardei na memória? Sinais de presença, momentos de intensidade, clarões de sabedoria ou de poesia. E a *comoção* de uma certa fé intersubjetiva que procurava suas palavras para despertar para um novo espírito de vida. Esperança de uma nova aurora transpessoal (tanto transreligiosa como transpolítica e transnacional) nas trevas mortíferas de nosso tempo, apesar de tudo luminosamente vivo em seus subterrâneos desconhecidos. Arrábida faz parte deles, como todo lugar de fecundação e de germinação do solo fértil da história invisível. A história visível guardará apenas os seus frutos futuros.

I

A árvore de três níveis

Uma transdisciplinaridade planetária para viver e sobreviver

entrevista com
Basarab NICOLESCU, Michel CAMUS,
Philippe QUÉAU e Michel RANDOM

Michel Random: Basarab Nicolescu, você é a alma articuladora da transdisciplinaridade e, desde o Colóquio de Veneza, em 1986, você tem desenvolvido uma longa reflexão e uma ação criadora que culminou com a fundação do CIRET.

Este primeiro Congresso Mundial da Transdisciplinaridade é, ao mesmo tempo, uma conclusão e um novo ponto de partida. Vivemos uma situação excepcional, a de uma nova tomada de consciência da modernidade e de sua complexidade. Este Congresso introduz nossa presença numa nova consciência, a das mutações rápidas de nosso tempo, a da urgência das mutações necessárias. O homem novo será aquele que terá dominado a complexidade exponencial das disciplinas e das estruturas alienantes de nosso tempo. Sobre estes diferentes aspectos a transdisciplinaridade é fecunda em imaginário, sua dinâmica é grande e, devido a isso, sua mensagem parece inevitável e urgente. Tudo isso é verdade?

Basarab Nicolescu: Que fique claro que não há uma alma da transdisciplinaridade, mas várias.

A transdisciplinaridade já se inscreve numa história, uma história recente, é verdade. Essencialmente a partir de 1970, desde os trabalhos de Eric Jantsch, Jean Piaget, Edgar Morin. É verdade que uma nova etapa começou com o *Colóquio de Veneza*; muitos trabalhos, livros, revistas, artigos foram publicados e, agora, a abordagem transdisciplinar deixou de ser um sonho para ser uma necessidade.

Vou responder, em algumas palavras, com uma imagem usada durante este primeiro 'Congresso da Transdisciplinaridade'. Em sua exposição, Philippe Quéau evocou a imagem de um barco, um barco um pouco louco que vaga sem bússola sobre as ondas do oceano, sem saber a direção certa. Imagem um pouco dramática demais, mas assim mesmo correta, de um mundo em plena mutação, o nosso.

Todos os períodos históricos passaram por mutações, mas o que realmente caracteriza nossa época, aquilo em que ela é irredutível, é uma aceleração extraordinária de todos os meios de informação, uma aceleração do saber, uma aceleração até mesmo de nosso ritmo de vida. Percebemos pouco, mas no plano específico do tempo, vivemos várias vidas em relação a nossos ancestrais, porque todos os processos ocorrem mais rapidamente: os meios de transporte, a informática, enfim, absolutamente tudo. Sabemos disso, mas não percebemos bem a que ponto isso faz parte de nossa vida, a que ponto isso produz uma profunda mutação. Em que sentido? O barco está louco porque os sistemas de valores, todos os sistemas de valores anteriores, já não podem enfrentar os desafios que aí estão.

Qual é o maior desafio? Sempre houve desafios e crises, mas pela primeira vez em nossa história devemos enfrentar um desafio maior: a humanidade simplesmente mudou a ordem cósmica. Podia-se outrora mudar localmente a ordem das coisas, conquistando territórios, fazendo guerras, mas isso acontecia sobre a terra. De repente, o homem deu-se o poder de intervir nos ciclos cósmicos da atmosfera, ele alterou o cosmo, ele se deu os meios de atuar sobre o homem através das manipulações genéticas. Portanto, diante desse desafio de valores, coloca-se a questão: Que mundo é este? E qual é o seu significado? Como enfrentá-lo?

A transdisciplinaridade não é o único caminho, mas é *um* caminho que diz: para enfrentar isso existe um meio, não estamos diante de um desafio incontrolável, nem diante de um desafio previsível, mas ele não é totalmente incontrolável pois há um meio. Esse meio consiste em agir sobre o próprio saber.

Se é o saber, o acúmulo do saber que produz essas enormes mudanças, que determina todas as condições de nossa vida sobre um pequeno e finito planeta, que sistema de valores podemos imaginar senão aquele do diálogo entre personalidades competentes, cada uma em seu próprio campo de ação, de saber, de competência, de uma competência realmente profunda.

Quer seja nos campos da física, da informática, das ciências humanas, este Congresso reuniu um grande espectro de pessoas. Qual o seu objetivo? Elaborar uma nova filosofia, uma nova religião ou uma nova política? Não, a resposta é não. A especificidade de nossa abordagem consiste na eficácia do diálogo, na eficácia da abertura, na escuta do outro. Escutar, primeiro, o que se passa em outros campos; em seguida, compreender os pontos de convergência, mesmo que eles sejam apenas parcialmente tocados.

É absolutamente evidente que nenhum homem poderá mais dominar tudo que se passa atualmente. É uma banalidade, mas também uma evidência, que não podemos dizer hoje em dia, de um único indivíduo, que ele compreende este mundo: seria uma impostura, pois o ilimitado do saber torna isso impossível.

Michel Random: Precisamente, esse acúmulo do saber e das disciplinas manifesta um fenômeno quantitativo, uma pressão cada vez mais insustentável em todos os níveis do ser, pressão essa produzida pelos fenômenos de acumulação e de complexificação próprios às novas tecnologias, à explosão do saber e às rápidas mudanças impostas por elas em todos os níveis.

Avisos de precaução de todo tipo afluem para denunciar a máquina da modernidade que se deixa levar e para nos avisar dos desastres que podem ocorrer. A imagem tão frequente do trem carregado demais, disparado a toda velocidade e que não pode mais ser freado a tempo, está presente em todos os espíritos. Esse trem da modernidade acelera cada vez mais, principalmente nas novas multimídias da informática, de forma que perdemos o fôlego, a meditação e o recuo ante todas as coisas. A velocidade produz catástrofes e, de fato, nosso tempo não pára de provocar todo tipo de desastres. Entre eles, se certas poluições são reversíveis, outras são irreversíveis, como por exemplo a destruição da camada de ozônio. O aumento dos raios ultravioleta ameaça a curto prazo toda a vida planetária. O conjunto de tudo o que constitui a sociedade moderna em todos os campos: educação, economia, vida social e até mesmo vida espiritual, tem de ser totalmente repensado. Nossas estruturas tornam-se a cada dia mais obsoletas e inadequadas, provocando custos e desperdícios enormes. A política tornou-se a arte de administrar o acidental. Todo acesso a novas realidades choca-se com inacreditáveis grupos de interesses e mentalidades retrógradas. Essa situação desenraíza o homem do real, o presente desmorona e o futuro, cada vez mais virtual, cada vez mais irreal, amedronta.

Se pudéssemos nos projetar para o futuro na História e de lá olhar para trás, talvez escrevêssemos: "A transdisciplinaridade surgiu como um movimento de renascimento do espírito e da consciência para compreender e unificar a complexidade do século que tinha se tornado impossível de ser gerida. Uma nova consciência do real, urgente contraponto a todos os perigos da época."

Basarab Nicolescu: O que se passa não é negativo nem positivo, é um barco enlouquecido, um ponto, é tudo. E, para esse barco enlouquecido, o problema é encontrar uma bússola e um sextante...

Michel Random: O barco enlouquecido é o Titanic....

Basarab Nicolescu: Não, nesse caso foi um acidente.

Se falo de um barco louco é que navegamos num oceano onde não controlamos a altura das ondas, tudo acontece na dispersão. A idéia é, portanto, a de um sextante. Por outro lado, o diálogo entre as diferentes disciplinas, pode ou não criar uma nova orientação? Essa é a nossa questão. Uma questão ainda maior, mais crucial, é aquela concernente à negligência.

Etimologicamente, a negligência é oposta à religião. Negligência é aquilo que nega as ligações, a religião é aquilo que liga. Penso que estamos numa época de negligência e essa negligência refere-se inicialmente ao ser interior. O ser interior do homem está empobrecido, simplesmente porque ele deve enfrentar uma extrema demanda do ponto de vista externo, do seu ritmo de vida. Falo de nossas sociedades ocidentais ou de tipo ocidental, é claro.

Limito minha observação ao modelo ocidental de desenvolvimento que começa a se estender a uma escala mundial. As sociedades ditas 'tradicionais' foram levadas à decadência porque o ser interior do homem era dominante demais em relação ao saber. Do mesmo modo, atualmente, quando o saber é dominante em relação ao ser interior do homem, corremos para uma decadência cujas consequências são incalculáveis.

Há soluções para enfrentar essa situação nova da história. Vou retomar uma idéia de Lima de Freitas: há períodos na História, grandes períodos, que na linguagem cristã correspondem ao período do Pai, o do conhecimento do mundo chamado 'exterior'; o período do Filho, o da afirmação do poder, e um terceiro período, que é o da *conciliação*.

Conciliação entre quem e quem? Em nossa linguagem, é entre o ser interior do homem e o saber, o que se resume numa simples palavra: compreensão. A compreensão só pode vir de um reequilíbrio entre o saber e o ser interior. É sem dúvida por isso que neste congresso há tantos poetas, tantos escritores, tantos psicanalistas, ao lado de biólogos, técnicos em informática, químicos, físicos.

Michel Random a Philippe Quéau: Philippe Quéau, como sua inteligência crítica percebe o que acaba de ser dito? Primeiramente, umas poucas palavras a respeito de sua disciplina.

Philippe Quéau: Sou cientista por formação, mas filósofo por interesse, e trabalho principalmente com a imagem e o 'virtual'.

Para voltar à questão da transdisciplinaridade, primeiro é a origem do conceito que me interessa. Em transdisciplinaridade, há primeiro disciplina. Disciplina é um nome muito bonito, mas há principalmente 'trans'. Trans é o que vai mais além, como em trans-formação, trans-mutação, trans-gressão, ou trans-disciplina. A idéia é ir além da disciplina.

Estamos num antigo convento e o que caracterizava as ordens monásticas na época (e ainda hoje) é justamente a noção de disciplina, a Regra. Não há monge sem Regra. Essa noção de Regra, não somente devemos assumi-la, mas precisamos ultrapassá-la em vista de seu aprofundamento. A verdadeira Regra é que precisamos sempre procurar ir além de qualquer Regra.

Na idéia de transdisciplinaridade, o que me interessou desde o início e desde que participo dos trabalhos de B. Nicolescu e de toda a equipe de pessoas que trabalham em torno desse conceito, é essa busca da ultrapassagem que me diz respeito. Além das disciplinas, é nossa 'postura' intelectual e profissional, pois toda postura é um pouco uma impostura.

Em que posso modestamente contribuir para esse esforço coletivo? O virtual constitui, talvez, uma das ferramentas de trabalho, um dos paradigmas que permitam uma melhor compreensão daquilo que se passa hoje em dia.

Vivemos uma crise profunda e que está apenas começando. Há 13% de desempregados na França e isso vai continuar. Há uma aceleração do progresso técnico que se traduz por uma espécie de proletarização do homem. De certa maneira a produtividade incrível das calculadoras, das máquinas, dos robôs, faz com que as barreiras geográficas reais caiam graças ao desenvolvimento das ligações virtuais, de tal forma que possam ocorrer curtos-circuitos internacionais, tanto na manipulação de capitais como na dos homens e dos materiais de produção. Tudo isso produz uma espécie de desmoronamento completo das estruturas do real, em proveito de estruturas flutuantes, completamente virtuais. Denomino isso 'os cinco Ds': descentralização, desmaterialização, desregulamentação, despersonalização e, por fim, deflação.

O que se passa é que todos os paradigmas, todos os critérios, todos os sistemas de análise de que dispomos até o presente, estão a ponto de se dissolver sob os nossos olhos, e isso caminha muito, muito depressa. Penso que em curto prazo, em dois ou três anos.

Devemos reagir depressa. Temos uma possibilidade única, mas que também é um grave perigo em potencial. A única chance é que, de certa maneira, temos superproduções de alimentos. Temos capacidades de produções industriais extraordinárias, mas na verdade há muitas pessoas desempregadas.

Olhemos para a Idade Média, onde a fome e a peste dominavam. Apesar de tudo, existiam ilhas de trabalho, ilhas de intensidade, de disciplina. Essas ilhas eram justamente os monastérios. Talvez vocês possam tomar esses monastérios como um paradigma, um paradigma da resistência necessária à nossa época.

Se pudéssemos dispor desse excedente de tempo humano que hoje 'desemprego' (coloca-se a etiqueta desemprego quando se trata de um tempo humano disponível); se, por uma espécie de operação mágica, pudéssemos dispor desse tempo para a criação, para a contemplação, para a prece, para a meditação, deixaria de ser desemprego, os homens deixariam de ser desempregados. Talvez eles seriam (vamos manter as aspas) "monges", e talvez até santos. Não teríamos países cheios de desempregados, mas países comprometidos com uma espécie de impulso para a frente de ordem espiritual, filosófica, estética. Desabamos sob necessidades que não podem ser pagas, que não são financiáveis. Há pessoas que morrem nos hospitais sem amizade, sem amor; há pessoas que são pobres e que nunca tiveram a ocasião de serem ensinadas por verdadeiros professores; somos atacados por problemas ambientais... Há uma infinidade de coisas que não são financiáveis pelo atual sistema capitalista.

Há alguma coisa muito impressionante nessa crise profunda, isso nos leva a refletir, mas ao mesmo tempo é uma possibilidade inusitada para mudar de paradigma. Acredito que a transdisciplinaridade veio na hora certa para nos dizer: está na hora de escutar, de nos escutar. Coloquemo-nos ao redor de uma mesa e reflitamos no que ser homem quer dizer na época do 'virtual'.

O que está acontecendo é muito grave, há o interesse de mudar. Este tipo de colóquio dá mais energia e força interior a cada um de nós, para irmos ainda um pouco mais adiante, para levar essa novidade. Não sei se ela é boa ou se é má, mas é uma novidade. A novidade é a tomada de consciência de que a situação é muito grave, que é preciso mudar, isto é, transformar a si mesmo. A transdisciplinaridade aplica-se em primeiro lugar a si mesmo; é antes de tudo uma lição que devemos aprender para nós: somos nós que devemos ser trans.

Trata-se, no fundo, de uma trans-formação do humano, de uma trans-humanização. Ser homem, não é simplesmente ser homem, é ir sempre além de ser homem. Caso contrário, ainda uma vez, o maior risco é o de ser proletarizado pelo progresso técnico. Se não quisermos ser reduzidos, como Kasparov – o campeão de xadrez que acabou de ser vencido por uma máquina – a esse tipo de desemprego técnico, precisamos inventar um outro papel para o homem.

O desemprego veio na hora certa para nos empurrar para diante, para nos obrigar a conquistar, à força, um novo estatuto para nós mesmos, aos nossos próprios olhos. E acredito que será o que guardarei antes de tudo da crise atual. Torno a dizer que talvez a transdisciplinaridade seja uma ferramenta entre outras, mas uma das ferramentas que podemos ver operando concreta e efetivamente. Uma das ferramentas que talvez nos permitirão acelerar essa tomada de consciência.

Michel Random: Trandisciplinaridade das tomadas de consciência: temos que descobrir, de fato, níveis de consciência que se transformem em níveis de novas ações. Diante do desastre, há uma esperança: da crise ou do desmoronamento alguma coisa verdadeira pode nascer: uma recusa da mentira institucional e a vontade de inserir seu ser em uma ação global onde a ética e o espiritual contribuam para a mutação interna dos seres e da sociedade. Do fim institucional da mentira associado à sujeição do homem a ganância depende a sobrevivência do planeta.

Dito isso, se hoje eu tivesse entre quinze e vinte anos e escutasse o que você acabou de dizer, eu me perguntaria por que chegamos a isso? Por que o Sistema, em nome do humanismo, provocou uma situação desumana? Por que se falou tanto de espiritualidade para que existisse tanta indiferença e tão pouco amor em toda parte?

Resumindo: o desmoronamento do sistema, a virtualidade do sistema e sua dissolução colocam ao homem uma pergunta: onde é meu lugar neste mundo de areias movediças onde nada é verdade, onde tudo é armadilha? O que devo fazer? Em quem acreditar? Existe ainda um lugar de valores, uma ética secreta, um ponto fonte? O pior de tudo é renunciar-se a acreditar em qualquer valor. Um mundo desumano nos ameaça, as forças sutis e maléficas de uma alienação e de um condicionamento das pessoas se manifestam rapidamente, um novo e obscuro 'terrorismo' nos ameaça: o que fazer e onde encontrar meu lugar de vida, meu caminho de conhecimento, se o desespero me submerge?

Basarab Nicolescu: Creio que o paradoxo, o paradoxo da transdisciplinaridade é, justamente, o lugar que ela ocupa: onde menos esperamos, o lugar esquecido. Philippe Quéau disse muito bem: seu lugar é responder a esse empobrecimento do ser.

Michel Random: Volto às questões das novas gerações. Supondo que eu seja um estudante que esteja na universidade, na escola: preciso ter de vocês, que são grandes e sábios, uma resposta. Qual é a sua resposta? Ser é uma boa resposta (ainda que não tenha aprendido nada a esse respeito), mas para mim, ser, é antes de tudo, viver. Ora, vocês falam de valores dos quais não tenho a chave; vocês evocam aspectos catastróficos e ameaçadores de nossa sociedade, mas quanto a mim, abro meus olhos para este mundo, procuro em direção a quem e ao que me voltar. Espero de vocês, meus irmãos mais velhos, uma mensagem atual. Qual é a sua mensagem?

Basarab Nicolescu: É preciso compreender que esse aspecto catastrófico é apenas uma aparência. Falamos de perigo. Está claro que esse perigo existe, mas ele sempre existiu. Repito, a humanidade sempre esteve em transformação e não vamos fazer agora um discurso milenarista. A questão não é essa. O grande perigo está em outro lugar: é o de não conhecermos nossa própria época.

E aí posso responder a um jovem simplesmente perguntando: O que você conhece da natureza, da física quântica? O que você conhece, poeta, da cosmologia? Faço a mesma pergunta ao cosmonauta: O que você realmente conhece da realidade virtual? E assim por diante. Desse confronto nasce a consciência do real. Caso contrário, é o empobrecimento; faremos um discurso demagógico aos jovens dizendo: eis uma receita. Ora, não existe receita. A única questão é como estruturar o saber pela compreensão.

O que quero dizer com isso é que, se esses jovens estiverem angustiados, se estiverem realmente em desvantagem, será no sentido de um saber que os ultrapassa em muito. Da mesma forma eles são ultrapassados por um mundo para o qual eles não foram preparados, um mundo onde existe a ameaça do desemprego, um mundo cada vez mais desanimador e perturbado. Mas por que este mundo é perturbado? Porque a fragmentação entre os seres é cada vez maior. Essa fragmentação não é comum a todas as épocas, é mesmo um aspecto característico de nossa época. E é contra esta fragmentação que reivindico a palavra unicidade.

Pela primeira vez podemos nos autodestruir enquanto espécie. É realmente uma coisa nova! Não para evocar grandes perigos ou fazer um discurso catastrófico, mas simplesmente para dizer: atenção, tomemos consciência dessa nova situação. Existe, por um lado, um avanço fulgurante, extraordinário do saber, de uma potencialidade muito rica. Esse é o aspecto positivo: esse avanço fulgurante poderia mudar a vida sobre a terra. Mas não podemos mudar a vida sobre a terra se não nos submetermos a um imperativo, e esse imperativo me parece absoluto, o de que a eficácia deve estar a serviço do homem e não o ser humano a serviço da eficácia.

Michel Camus: Basarab Nicolescu, vivemos num universo cultural onde dominam as oposições binárias que você chama de uma maneira muito precisa de pares de contraditórios mutuamente exclusivos. Você fez uma dialética dos 'níveis de realidade' que permitem ao mesmo tempo escapar destas contradições mas também integrá-las. Gostaria que você expusesse a noção de 'terceiro incluído' do qual você fez, de certo modo, uma 'trialética'.

Basarab Nicolescu: Habitualmente pensamos em termos de categorias que se excluem, de objetos, fatos ou proposições que se excluem mutuamente: preto-branco, dia-noite, A-não-A. A luta de classes por exemplo, está baseada em pares de oposições desse tipo. E toda a vida funciona assim e relativamente bem. Por exemplo, numa estrada há um sentido proibido e um sentido permitido. É a lógica binária habitual, que se aplica a um campo relativamente simples.

A partir do momento em que a complexidade aparece tudo muda e o que é o nosso século se não o da complexidade, uma complexidade que invade tudo, do infinitamente pequeno ao infinitamente grande? E então, essa complexidade não pode ser tratada por uma lógica chamada clássica baseada em oposições binárias do tipo: verdadeiro e falso. A origem de todas as coisas (e aí está uma parte da 'boa nova', ou daquilo que assim podemos chamar) é que essa mensagem nos é transmitida pela própria natureza. E isso é de uma beleza extraordinária. A natureza nos diz: atenção! Eu existo! Pelo menos podemos tomar fôlego na natureza, nos fenômenos naturais e, mais precisamente, naqueles do infinitamente pequeno...

Todos ouviram falar na teoria do big-bang, da cosmologia quântica. O que nos dizem todas essas teorias, todos essas abordagens baseadas na natureza, no estudo estritamente científico das ciências exatas? É que tal lógica é pobre para o estudo da complexidade, é preciso ampliar a lógica. É muito importante. Quando se diz 'lógica' isso não significa uma coisa muito abstrata, isso diz respeito a critérios, a normas da verdade. Se abordamos a lógica abordamos as normas da verdade, da validade. Portanto, a natureza nos mostra um domínio mais amplo da verdade, onde a realidade deixa de ser unidimensional, constituída de uma única dimensão horizontal, mas onde há uma verticalidade, uma realidade multidimensional estruturada em níveis.

Conhecemos claramente ao menos dois níveis: o nível microfísico, que é o nível quântico, o nível das partículas que nos constituem e que constituem tudo aquilo que existe neste mundo; e o nível macrofísico, que é o nosso, no qual vivemos todos os dias. Então, entre os dois há uma ruptura e essa é uma parte da 'boa nova', a de uma realidade mais rica, mais interessante do que aquela que os espíritos do último século, ou posteriores ao século XVII, imaginaram.

Depois do século XVII manifestou-se essa ruptura radical entre sujeito e objeto, introduzida primeiro por Galileu no *Diálogo Sobre os Dois Grandes Sistemas do Mundo*. Foi essa ruptura que fundou a física moderna, que por sua vez fundou a ciência moderna. Isso produziu resultados extraordinários, mas num retorno extremamente interessante à mesma ciência baseada nas mesmas idéias, nos mostra que o ponto de partida talvez fosse falso ou apenas uma aproximação. Dizemos que a realidade é mais rica que isso, que há uma interação entre o sujeito e o objeto, que há uma realidade multidimensional onde há um terceiro.

Qual é o sentido do 'terceiro incluído'? Em nosso próprio nível de funcionamento da realidade, estamos diante de dois fenômenos contraditórios, mutuamente exclusivos, que excluem totalmente um ao outro: o capitalismo e o comunismo. Pois bem, há um terceiro que, em um outro nível de realidade, unifica os dois. Nesse caso, no exemplo histórico que dei (é uma interpretação) esse desmoronamento aconteceu porque os sistemas chamados socialistas, os sistemas chamados comunistas fecharam-se em si mesmos e, pelo fato de eles terem se transformado numa gaiola, dotada de um único nível, se autodestruiram. É um exemplo histórico: acabamos de viver o desmoronamento sem guerra de um império, o império soviético.

A própria história nos mostra essa riqueza do terceiro incluído: a partir do momento em que há um fechamento, há a autodestruição. A única maneira de abrir de forma lógica e racional, não simplesmente uma lógica de sentimentos, de poética ou de estética, mas racional, é ver que há níveis nos quais aquilo que é contraditório, aparentemente completamente contraditório, está unido a outro nível de realidade. Há um terceiro. Aqui também não se trata de introduzir um novo fechamento, uma nova utopia, uma nova ideologia. Quando esses contraditórios se unem ao mesmo tempo em seus próprios níveis, o terceiro incluído faz com que haja um novo par de contraditórios que se mostra. E tudo isso é muito prático, porque significa que ao menos no plano do conhecimento racional nunca pode haver uma teoria completa. E isso Gödel mostrou há muito tempo, ao menos para a aritmética e para todo o sistema matemático que inclui a aritmética. A física teórica baseia-se nas matemáticas, que incluem a aritmética. Portanto, não podemos falar seriamente em nossos dias de uma teoria completa. Uma ideologia, uma política ou uma economia que se apresente na qualidade de um sistema completo, está em contradição com aquilo que a natureza tenta nos mostrar.

Nesse ponto alguém poderia objetar: sim, mas se entre a natureza e tudo aquilo que construímos há uma separação total, por que uma deve se inspirar na outra? Ora, nisso reside a pobreza do modelo que nos foi legado pelo século XVII, uma pobreza fecunda, mas assim mesmo uma pobreza. É que nessa abertura está o enriquecimento; criando a abertura, não se perde informação, mas sim ganha-se. E isso, a meu ver, também é uma grande novidade.

Michel Camus: Aos valores do rigor da abordagem científica você acrescentou os valores da abertura e da tolerância, o que me parece uma coisa muito importante em nossa época, que é, na maioria das vezes, fechada e intolerante.

Basarab Nicolescu: Penso que a abertura tem uma base lógica, uma base relativamente simples, ao menos para mim, que é a da teoria geral dos sistemas: é preciso que haja abertura de um sistema ou de um conjunto de sistemas, de um nível de realidade em relação a um outro nível de realidade, para que a máquina chamada 'universo' ande. E essa é a novidade. Agora, se em nosso plano interior essa abertura quer dizer outra coisa, cabe a nós decidir. No entanto, o fato de tomar a natureza como modelo significa abertura e tolerância. Do mesmo modo, tolerância na linguagem quer dizer escutar o outro, tolerar os contraditórios, sabendo que num outro nível a unidade se realiza. Não pode haver oposição completa, não podemos excluir. A única coisa que podemos excluir é a idiotice, a idiotice que, aliás, gera muitas coisas, até o crime, até a violência, mas a idiotice enquanto entidade ontológica é a única exclusão feita pelo terceiro incluído.

Michel Random: Essa grande mutação das disciplinas significa um retorno ao estado qualitativo, um retorno à ordem viva da consciência. Em caso positivo, quais são os seus meios práticos?

A transdisciplinaridade é movimento de pensamentos, de idéias e também de ação, mas como agir junto às instituições culturais, sociais e mesmo políticas para alterar a ordem das coisas?

Basarab Nicolescu: Também nesse caso, acho que é preciso aplicar uma lógica do terceiro incluído para responder a essa pergunta.

Uma instituição produz por si mesma, quer queiramos ou não, uma linguagem, uma estrutura, leis, normas, verdades. Conseqüentemente, falar de uma mudança dessas instituições em relação à abertura em questão, é uma ilusão. O que fazemos é apenas reconduzir o novo ao antigo.

Isso significa revolução ou mudança total das instituições? Não. Esse é o paradoxo do terceiro incluído. Isso simplesmente quer dizer que seres individuais, seres que estão dentro das instituições, podem se abrir.

Quando isso ocorrer, a máquina vai caminhar de outra maneira. Dou o exemplo da Universidade que é extremamente interessante. Etimologicamente, Universidade significa originalmente, 'estudo do Universal'. Na época da constituição das primeiras universidades, o universal era a Bíblia, portanto na universidade estudava-se a Bíblia. E assistia-se a uma coisa extraordinária: os grandes eruditos, considerados os fundadores do pensamento racional, até mesmo mecanicistas para alguns, eram seres que passavam com extraordinária facilidade de um campo do conhecimento a outro.

O exemplo de Newton talvez seja o mais notável: ele foi ao mesmo tempo o fundador da física teórica, um grande matemático, um teólogo extremamente interessante, herético mesmo, porque contestava o dogma da Trindade, um alquimista prático. Ele estudou alquimia durante trinta anos, praticou e escreveu sobre ela. Portanto, descobrimos uma enorme complexidade nos próprios fundamentos da modernidade.

Em nossos dias chegou-se, na universidade, a uma especialização cada vez maior, o que é salutar, necessário. A transdisciplinaridade não é uma contestação das disciplinas: sem disciplinas, não existe transdisciplinaridade! Porém todo o problema é o excesso das especializações que faz com que já não se compreenda nada. São os seres individuais que, no interior das instituições, podem transformá-las com um retorno à origem, quer dizer, com o estudo do Universal. Sem Bíblia, pois atualmente já não há estudo possível da Bíblia enquanto especialidade universitária, mas daquilo que hoje é universal. E o que hoje é universal é a complexidade e a transdisciplinaridade.

Michel Random: E as Tradições?

Basarab Nicolescu: As Tradições estão incluídas, elas não são negadas, mas não se dá um certificado de honorabilidade às tradições simplesmente por se dizer: "Ah, há uma convergência com a ciência". Cada campo tem sua própria autonomia. A Transdisciplinaridade também é isso, a unidade na autonomia. Não há uma justificação da Tradição pela ciência no diálogo ciências-tradições, do mesmo modo que não há uma justificação da arte pela ciência ou da ciência pela arte. Cada uma conserva sua própria autonomia, mas o que se procura é o espaço estranho que está entre, que está além de todas estas fragmentações e que, em suma, tem um nome simples: nós mesmos.

Philippe Quéau: Gostaria de fazer uma observação a respeito do que o senhor Nicolescu acabou de dizer quanto ao sentido etimológico da palavra universidade. Universal quer dizer: 'Estar voltado para o Um, estar voltado para a Unidade'. Creio que o que nos falta hoje em dia é precisamente não estarmos voltados o bastante para essa noção de Unidade. E qual Unidade? A unidade da humanidade, por exemplo, mas também a unidade da pessoa. Neste ponto, podemos partir para uma outra idéia que foi rapidamente evocada, a da Trindade, que aparentemente Newton criticava.

Em Santo Agostinho, a Trindade (que antes de tudo é um Mistério) dá lugar a uma imagem interessante para esta discussão, a do espírito humano, o espírito do homem. Ele diz que a Trindade é 'como' a unidade, a unidade intrínseca de nossa memória, de nossa inteligência e de nossa vontade. E há aí, ao mesmo tempo, três funções básicas: memória-inteligência-vontade e, ao mesmo tempo, uma unidade profunda, três funções que se fundem em nossa personalidade.

É isso que precisa ser aprofundado, esse nó de inteligência, de memória e de vontade que talvez possa ser, hoje, uma das raízes, uma das chaves do futuro. E você me perguntava: "O que podemos dizer aos jovens de quinze ou vinte anos?" Eu responderia: pratiquem esse nó intrínseco da inteligência, isto é, clarifiquem suas concepções do mundo pelo estudo do presente, e também através da memória, não esquecendo nossas raízes. A memória é o que nos funde com o passado mais antigo, mas também permite que nós nos viremos para o terceiro termo que é a vontade. E talvez isso seja o mais importante, forjarmos uma vontade, isto é, um projeto, um futuro 'desejado'.

Falamos há pouco da metáfora do barco, quando foi dito que faltava um sextante ou uma estrela. Essa metáfora, é principalmente a do leme (o famoso 'ciber' em grego)... a da vontade. O que 'queremos'? O que quisermos será a chave do que poderemos fazer.

Michel Random: Se você tivesse à sua frente chefes de empresa, o que lhes diria?

Philippe Quéau: Eu lhes diria: a economia da matéria está desaparecendo. Ela está sendo substituída por uma economia do imaterial, uma economia do valor ideal. Até agora, estávamos num sistema onde podíamos trocar fluxos materiais por fluxos financeiros. De agora em diante, o que vai estruturar o mundo serão menos fluxos materiais ou financeiros (eles ocuparão o terreno mas serão apenas falsas aparências, uma cortina de fumaça) do que fluxos de idéias, fluxos imateriais, intangíveis e sem preço, tudo que não tem peso, mas que no entanto justifica o homem a seus próprios olhos.

É urgente que se devolva uma nobreza àquilo que

nos faz homens em nossa mais profunda interioridade e que é a participação que temos no Divino. Se não compreendermos isso, vamos girar como uma bolha enlouquecida e este planeta vai acabar explodindo. Já estamos no limite da desagregação. Quando vemos que 4 bilhões de pessoas estão abaixo do nível de pobreza e que o bilhão restante está prestes a se estraçalhar pelo bolo de que se arroga...

A Europa inteira é uma espécie de grande Suíça. Somos apenas 300 milhões de habitantes e mesmo aqui há muita pobreza em nossos países ricos. Precisamos nos apressar para compreender isso, senão iremos realmente sofrer catástrofes cataclismáticas. Pensem na grande peste. A grande peste que nos ameaça será simbólica, mas não apenas simbólica como também viral, territorial e real. É de fato urgente que nos convertamos à Unidade, que nos 'voltemos' para a Unidade. A Unidade, quer seja Divina, humana ou pessoal, é, no fim das contas, a mesma coisa. É chegarmos a nos aglutinar ao redor dessa intuição do Um. E essa intuição do Um é suficientemente rica para trazer a mutação.

Você falou de chefes de empresas, eles tiram mais lucro da especulação do que da produção. Quando diminui o desemprego, Wall Street desmorona! Eles mandam seus capitais não mais para a Suíça, mas para um sistema abstrato, virtual. Há atualmente de 50 a 60 vezes mais movimentos de especulações financeiras baseadas em manipulações econômicas abstratas do que movimentos de capitais reais que efetivamente correspondem a trocas econômicas e comerciais. A esfera econômica enlouqueceu. Não acredito que os chefes de empresas possam salvar o mundo, não mesmo, pois estão totalmente ultrapassados por essa bolha financeira e especulativa. Não é aí que se encontra a verdade, a verdade do real. A verdade do real está em cada um de nós, não no mercado.

Michel Random: Se compreendi bem, você está anunciando uma bancarrota financeira?

Philippe Quéau: Mas ela já está aí! Pense no que aconteceu em 80. Está em vias de ocorrer: o dólar está a 96 ienes, mas o próprio iene está esmagado. Lembremos: o dólar estava a dez francos e depois não parou de abaixar. E quando damos uma volta nos Estados Unidos nos bairros das cidades consideradas as mais ricas, penso em São Francisco, Los Angeles, Nova Iorque, encontramos situações de pobreza absoluta das quais não temos idéia na Europa. Portanto, os Estados Unidos talvez sejam um império de papel. E não apenas os Estados Unidos, pensem também no Japão, que vocês conhecem tão bem. O Japão é uma imensa bolha financeira. Os jornais econômicos e financeiros escreviam em 1989 que o metro quadrado de Tóquio custava quarenta vezes o da América! Cifras absurdas, uma hipérbole do absurdo. Quanto à área do Palácio Imperial de Tóquio, ela permitiria a compra de toda a Califórnia!!! São absurdos que circulam pela cabeça das pessoas, de modo que perde-se completamente o sentido do real.

Basarab Nicolescu: Essa questão me parece interessante porque é prática. O que eu diria aos chefes de empresa? Eu simplesmente lhes diria: percebam como tomam uma decisão. Qual é o mecanismo de uma decisão? Se nos limitarmos a esta questão muito simples, mas aprofundando-a, nos daremos conta de que ela abre um espaço incrível que é de natureza transdisciplinar. Porque, para tomar uma decisão, seria preciso primeiro conhecer o que nós mesmos somos. O que um chefe de empresa conhece de si mesmo? O que ele sabe de sua constituição física, de sua constituição biológica, de sua constituição espiritual? Sem falar dos chefes de Estado e dos responsáveis de todo tipo.

Ainda lhes diria mais: o que vocês conhecem do universo, da física quântica, da cosmologia? Seguramente a resposta seria: "Mas não tem nada a ver com o que fazemos". Em minha opinião, existe uma relação direta entre a eficácia e a eficácia assustadora, nova fonte de barbárie, baseada na noção de rigor.

O que vem a ser o rigor? É respeitar certas condições. Contudo, tomamos como modelo o rigor matemático, isto é, o formalismo. Ora, o formalismo não pode ser aplicado a esse ser que é uma empresa, que representa aquilo que anda na economia. Apesar de tudo, são seres humanos que constituem tudo isso, que fazem tudo isso andar. É nisso que contesto tal redução ao rigor do que funciona no plano do formalismo.

Arrisquei-me em meus escritos dizendo que o rigor poético é tão grande quanto o rigor matemático. Precisamos redescobrir o que o universo é, quer dizer, um universo poético, inclusive o nosso mundo, inclusive esta terra, e então é minha vez de me dirigir ao poeta, a Michel Camus, e lhe perguntar: Realmente coloquei-me em perigo ao falar de rigor poético?

Michel Camus: Você pode estar em perigo diante das instituições acadêmicas mas, por outro lado, você estabeleceu com poetas que são, poderíamos dizer, poetas filósofos, quase poetas metafísicos, como Roberto Juarroz, relações extremamente sólidas que creio terem levado a uma espécie de conhecimento recíproco.

As ligações e as relações que você tem com os poetas são do âmbito da transdisciplinaridade. Porque você ultrapassou o seu próprio campo de pesquisa, a física quântica, como o poeta ultrapassa o seu. A comunicação se faz no âmbito daquilo que você chama de terceiro incluído.

Basarab Nicolescu: Sim, mas o que é um rigor poético?

Michel Camus: O rigor poético é muito difícil de ser definido, está relacionado com a língua. Não há nada mais criador que a língua. O poeta é paradoxal no sentido de que em sua abordagem ele usa a língua para tentar exprimir alguma coisa que não pertence à língua, que escapa à língua.

O que lhe interessa são as questões relativas à essência: o ser em relação ao parecer. Esse é apenas um aspecto. Acredito que a palavra chave seja justeza. A definição é difícil, ela existe na Cabala, onde se fala do Justo. É um problema de interioridade, de relação com a intuição profunda. O que o poeta interroga? A fonte. Nada é mais misterioso que a fonte, para o físico, o biólogo ou o matemático. A justeza é dada, não a tomamos, ela é fruto de uma evolução interior, é uma espécie de dom.

É necessário, portanto, uma espécie de abandono à fonte, um esmaecimento do narcisismo do ego, para captar, de repente, alguma coisa da fonte. Há toda uma mitologia da inspiração, visto que inventaram as Musas. Ao menos sabemos que não sabemos, como o físico.

Michel Random: Tantas reflexões, questões, tomadas de consciência que são inspiradas por um fim de século doente, quase fossilizado, decrépito e uma necessidade de renovação, de frescor, de volta ao sentido dos valores, de rejuvenescimento, de vida, de unidade. A transdisciplinaridade é o que farão dela os homens que a encarnam e a manifestam. Sua consciência criadora, visionária, pode servir de pilar central para reatar com a unidade da terra e do céu. Essa consciência existe porque vocês estão aí para manifestá-la, vocês são um núcleo, um grupo de amigos; amanhã vocês serão, espero, uma grande família planetária, e saberemos então que a UNESCO da transdisciplinaridade existe diante da nova torre de Babel que simboliza o nosso mundo tecnológico. Vocês são portadores de uma nova esperança, de uma nova visão. E quem diz unidade, diz transcendência. O visível e todos os níveis de realidade são linguagens para aproximar esse invisível que é a verdadeira arquitetura do visível. Toda a dialética, toda a racionalidade é bela, se tivermos a coragem e a modéstia de ligar nosso saber aparente ao nosso desconhecido infinito. Nossas ciências são apenas um grão do insondável desconhecimento; o infinito invisível e irredutível é no entanto consubstancial a nós mesmos e aos graus mais misteriosos de nossa consciência. É nesse nível que o poeta, o metafísico e o místico repousam.

Sofremos e ainda sofreremos mais ainda a entropia das coisas que acabam, das mutações insuspeitáveis, das grandes transformações planetárias. O despertar dos seres para uma nova realidade passa sem dúvida pelo retorno ao cadinho alquímico onde tudo é unificado na fusão, antes de renascer.

Nesse sentido, a transdisciplinaridade será, precisamos esperá-lo, essa fonte de renascimento entre o antigo e o novo, trazendo aos sistemas petrificados a inteligência de um real global, a inteligência do coração e a da poesia. As mulheres recuperarão sua paridade total e uma importância fundamental; as crianças abrirão seus olhos para a natureza; os rigorosos cientistas reaprenderão o sentido sagrado da energia; os espirituais conformistas reaprenderão a tolerância e o amor real; os processos financeiros e comerciais redescobrirão a ética. Em suma, não terminaríamos de imaginar o que seria um mundo onde a sinfonia do vivo se pusesse de novo a vibrar. Tudo isso evidentemente é hoje uma utopia, mas ninguém pode imaginar como surgirão ou não os novos tempos. O importante agora é fazer com que exista essa grande família de espíritos que praticam desde já o caminho do conhecimento, que consiste em criar em nossa vida diária um mundo interior qualitativo e espiritual. Essa grande família do coração talvez não saiba se ela é ou não transdisciplinar, mas o importante é que ela exista e resista. A grande transdisciplinaridade dos corações e dos espíritos pode existir a partir de hoje. O que vocês pensam disso?

Basarab Nicolescu: Sim, se tivesse de resumir em duas palavras o que a transdisciplinaridade é para mim, colocaria como epígrafe as palavras 'atitude' e 'visão', e não a palavra 'especialidade'. Porque cada um de nós tem a sua especialidade, a sua própria profissão, o seu próprio campo de trabalho, enquanto *atitude* quer dizer, etimologicamente, aptidão para manter uma postura, isto é, uma orientação que serve justamente de interação entre os seres. Seres que são um todo e não fragmentos.

A palavra 'visão' está um pouco desvalorizada, mas a compreendo no sentido de ultrapassagem da vista, dos órgãos dos sentidos. A informática é realmente um bom exemplo disso, no sentido da penetração da abstração no campo da realidade. É, portanto, o sentido de uma ultrapassagem em nós mesmos que, nessa visão, integra o abstrato e o concreto, nossos órgãos dos sentidos e aquilo que os ultrapassa. Não podemos dizer claramente o que ultrapassa os órgãos dos sentidos, sabemos que está lá porque existem leis, porque falamos de coisas ao mesmo tempo imponderáveis e racionais. Portanto, *atitude* e *visão*.

Do cientificismo à revolução quântica: uma nova visão do real para um novo mundo

entrevista com Nicola DALLAPORTA,
Astrofísico da Universidade de Pádua

Michel Random: A transdisciplinaridade pode mudar a ordem das disciplinas humanas e científicas tal qual as conhecemos? Pode ela representar uma revolução no campo do conhecimento?

Nicola Dallaporta: Para responder com uma certa ordem, começarei dizendo o que entendo por transdisciplinaridade. Em geral, até não muito tempo atrás, falava-se mais de interdisciplinaridade, concebida como uma forma de aproximar as diferentes ciências que, até então, não tinham comunicação umas com as outras, sem um ponto conceitual que as ligasse. Essa falta de relações tinha a desvantagem de manter cada uma confinada em sua própria especialidade, sem contato com as outras: as pessoas que tentavam fazê-lo, eram praticamente deixadas de lado. Hoje, começou-se a estabelecer relações interdisciplinares entre ciências situadas mais ou menos em um mesmo nível mental e metodológico, como por exemplo entre duas ciências naturais.

Em minha opinião, a transdisciplinaridade consiste em reaproximar entre si duas ciências situadas em dois diferentes níveis do saber, um mais baixo e outro mais alto; por exemplo: as ciências naturais, que atuam no plano corporal, com determinados aspectos psíquicos e espirituais que o ser humano possui. É essencialmente através desses aspectos que podemos aspirar a uma unificação que se estenda para além do campo dos conhecimentos de caráter natural.

Michel Random: Neste sentido, podemos dizer que tudo aquilo que não é considerado como ciência objetiva; como a arte, a poesia, as tradições, pode se expressar através dessa noção de trans, isto é, de verticalidade, que faz com que o real vivo retome o aspecto qualitativo do conhecimento.

Nicola Dallaporta: Quando procuramos fazer uma sistematização dos conhecimentos de caráter essencialmente racional, como é o caso das ciências propriamente ditas, o que se refere ao belo, à arte etc, não encontra aí lugar algum, pois esses valores estão associados a faculdades da natureza humana que não são a racionalidade, mas a intuição, a capacidade de perceber os níveis psíquicos e espirituais que estão além do campo da natureza.

Michel Random: A primeira iniciativa da transdisciplinaridade, o primeiro grande acontecimento foi a famosa 'Declaração de Veneza', em 1986, por ocasião do Colóquio Internacional de Veneza, cujo objetivo era reaproximar ciência e tradição.

Até o presente, insistiu-se na Ciência e conheceu-se muito pouco acerca da natureza das Tradições. Daí a importância dessa 'Declaração'.

Nicola Dallaporta: O que é chamado de Tradições,

são os fundamentos das culturas e das religiões, seja dos povos antigos, e que às vezes se mantiveram até os nossos dias, como o Induísmo e a Tradição extremo-oriental, seja daquelas cuja origem é histórica, como o Cristianismo e o Islamismo. Todas essas culturas se baseiam na consciência de que o cosmo deriva totalmente de um Princípio Supremo e que no cosmo se reflete a natureza desse Princípio. Essa reflexão, e muitas outras, manifesta-se nas leis que regem essas culturas; e o que restou disso, frequentemente sob a forma de religião, às vezes encolheu, transformando-se em alguma coisa mais particular em relação à Tradição, que abrangia tudo que se podia conceber no mundo.

Uma reabertura para a Tradição e as tradições representa um retorno a coisas que, para a natureza humana, são absolutamente fundamentais e que a época atual, dirigida principalmente para as aplicações, negligenciou tremendamente.

Michel Random: Estamos entrando no terceiro milênio e temos necessidade de compreender a natureza da mutação na qual vivemos. O desmoronamento das tecno-ciências, do pensamento mecanicista do século XIX, de um pensamento que se referia à procura do objeto. Considera-se, em nossos dias, que não existe um 'objeto', por menor que seja, mas uma energia pura comparável ao pensamento. O qualitativo chega a nós como consequência do próprio real e das descobertas da física quântica que o colocam em evidência.

Você acredita que a manifestação desse aspecto qualitativo possa mudar a natureza das coisas, isto é, possa permitir que nossa modernidade dê um novo sentido aos seres e às coisas, à natureza humana e à realidade, numa visão mais global, mas espiritual, mais holística? A verdadeira revolução do futuro e do presente não seria a de restituir o sentido, de suscitar uma nova visão do real?

Nicola Dallaporta: Estou plenamente de acordo com o que você disse, porque até agora a ciência que se desenvolveu apoiando-se sobretudo nas ciências físicas que foram o seu protótipo, tentou essencialmente, em suas explicações, levar tudo para o nível puramente corporal, e isso constitui aquilo que chamamos de reducionismo. Essa tendência, tendo em vista os sucessos que a ciência pôde efetivamente alcançar nas possibilidades de ligar entre si os diversos fenômenos corporais, apresentava-se como uma das soluções mais imediatas, e o século XIX impeliu-a até os limites mais extremos. A física clássica, protótipo dessa maneira de enxergar, tentou mesmo pensar que não apenas o mundo do corpo, mas o que não compreendemos em nosso mundo interior, tal como o psiquismo, poderia ser um dia reconduzido ao nível corporal.

A física do século XX transtornou complemente tal perspectiva. Um dos aspectos fundamentais da ciência clássica manifestava-se no determinismo, as equações da mecânica sendo tais que, determinando-se as condições iniciais, posição e velocidade de um certo ponto material num dado momento, toda a sua trajetória podia ser traçada até o mais longínquo futuro. Ora, isso foi profundamente alterado, primeiramente no nível microscópico, pela mecânica quântica, quando se deram conta que as propriedades do átomo não eram absolutamente explicáveis de tal forma e que seria preciso inventar uma mecânica essencialmente diferente que não fosse determinista, ou pelo menos tivesse muitos aspectos que não o fossem.

Em minha opinião, o que provocou a maior revolução conceitual foi a queda do determinismo até no nível macroscópico: uma queda que vem de muito longe, pois o grande Henry Poincaré foi o primeiro a percebê-lo quando tratou do problema dos três corpos: quando as equações não são lineares – o que geralmente é o caso quando as perturbações sempre presentes na natureza são levadas em conta – não podemos especificar as condições iniciais de modo suficientemente exato para prever a trajetória que se seguirá, pois mesmo alterações infinitesimais nessas condições podem levar a trajetórias assintomaticamente divergentes uma em relação à outra.

Michel Random: Sim, é o que é chamado de 'efeito borboleta'. Segundo Mandelbrot, a mínima variação de uma medida meteorológica acentua-se consideravelmente numa longa distância. Essa ínfima variação pode provocar um ciclone dez mil quilômetros adiante. Poderíamos aplicar o que acabou de ser dito à educação. Que 'efeito borboleta' poderia contribuir para a mudança, hoje, da educação?

Nicola Dallaporta: A mentalidade de base hoje está ancorada no que era a física reducionista. Essa mentalidade consiste em explicar tudo unicamente por meio de mecanismos de um nível puramente corporal, o que a ciência permite ser inteiramente previsto e por isso vem a constituir uma hipótese sobre o futuro, mesmo se hoje sabemos que de fato não é assim.

Pois, conforme o que acabamos de dizer, o homem já não tem a possibilidade de prever tudo o que ocorrerá no futuro, devido ao fato de muitas coisas permanecerem absolutamente indeterminadas e insuficientes para qualquer previsão. Todos os fenômenos complexos relativos às situações compreendendo um certo número, mesmo restrito de moléculas, transformam-se, digamos, em entidades que não podemos explicar apenas pelas propriedades dos constituintes. Pensava-se outrora que bastaria conhecer apenas as propriedades dos átomos e tudo o mais poderia ser depreendido disso. Hoje sabemos que um conjunto de dois tijolos fundamentais é algo mais que a simples soma de dois tijolos e desfruta de propriedade que os tijolos isolados não possuem e não deixam entrever. Tal constatação, em minha opinião, deveria mudar inteiramente a mentalidade dominante, mas ainda devemos esperar antes de apreciar os efeitos disso.

É evidente que, se desde início dos estudos se começa a inculcar uma mentalidade reducionista, isto não permitirá que as portas sejam abertas a novos horizontes, nem que se possa discernir o que a cultura moderna não possui até o presente momento.

Michel Random: Era o que Lupasco expressava quando falava do 'terceiro incluído'. A concepção dualista do real não só não tem nenhuma realidade, como ainda mais, impõe uma sociedade contra a natureza. As tecnologias de base são todas binárias, inclusive a informática. O real, do microcosmo ao macrocosmo, é ternário. A natureza funciona em todos os níveis biológicos ou físicos conforme conjuntos de sistemas que se tornam complexos, se unificam, tornam-se complexos de novo e assim por diante. Essa é a visão sistêmica. Podemos assim descrever a organização de nossos cem bilhões de células e de nossos dez bilhões de neurônios. E além disso, cada célula e cada neurônio é um todo em si mesmo, um holograma, como tão bem mostrou Pribam.

O mundo moderno gerou uma grande complexidade (a que nos traz a informação, as ciências, a acumulação exponencial do saber etc), mas perdeu a unidade, isto é, o centro misterioso e imponderável do ser, bem como do átomo e de tudo o que existe. No espaço-tempo das civilizações, o mundo moderno vaga fora de qualquer órbita: parece perdido, errando e caindo continuamente num imenso vazio. A complexidade, a superabundância de suas estruturas materialistas, o projetaram subitamente no nada da entropia, sem que ninguém no mundo possa fazer algo para frear essa entropia crescente.

De fato, a aceleração do processo tem por corolário o porvir de um mundo cada vez mais 'virtual' e cada vez menos real. Todos os valores espirituais, mas também simplesmente humanos, tendem a se esvaziar de seu sentido. O homem, como seu saber, está despedaçado num 'espaço cibernético' tão impossível de ser gerido quanto irreal. E quanto mais aumenta essa irrealidade, mais os valores éticos e humanos desaparecem. As barbáries mais terríveis estão retornando sob mil formas, mas as sociedades modernas são totalmente laminadas pelas forças onipotentes do dinheiro.

Diante desse rolo compressor, desse denominador comum e mundial, as sociedades e o homem estão em pedaços. Os valores, aqueles das antigas Éticas, emitem de tempos em tempos um pequeno cacarejo, mas não podem de modo algum dominar a implosão das sociedades tecnológicas. Todos sabem, ainda que confusamente, que o Titanic se desgarra e afunda, mas a orquestra continua a tocar, mesmo quando já não há mais ninguém no leme.

Se o desmoronamento do Sistema pudesse provocar (milagrosamente) uma mudança radical, a sobrevivência planetária ainda teria uma chance. Imaginemos uma nova consciência nasça no mundo e que a força dessa nova consciência provoque uma poderosa energia de consciência cósmica capaz de trazer de novo o navio Terra à tona. Tal eventualidade daria uma espécie de esperança ao desespero.

Por outro lado, sem um desmoronamento do Sistema, como tomar consciência da mentira fundamental dos tempos modernos, que apresentam como cultura uma assim chamada cultura contra a natureza e contra a vida? O que nos foi apresentado como o deus 'Progresso' provoca uma falência irreversível que transforma em mais ricos os ricos, em mais pobres os pobres e com o tempo corre o risco de aniquilar a grande maioria dos humanos. Atualmente, um bilhão e trezentos milhões de seres humanos vivem com um dólar por dia! Não podemos caminhar indefinidamente em direção a uma escravidão humana contra a natureza e contra a Natureza, no sentido nobre, da qual fazemos parte. Por não construirmos o 'vivo' a natureza se voltará contra nós. A unidade e o conhecimento vivo de sua natureza biológica, física e sagrada é o fundamento do real. A miséria devasta o planeta e conhecemos todas as causas da miséria; utopia é imaginar que a miséria também seja uma causa natural. Ela é criada pela ignorância e pela exploração do homem pelo homem. Os jogos semânticos acerca do sentido da palavra 'natureza' e as piruetas intelectuais em nada mudam a realidade una, complexa e infinitamente misteriosa.

A única esperança que nos resta é ver as mentalidades oriundas do cientificismo tecnológico cederem diante da finalidade inteligente de sua própria sobrevivência. O respeito pelo outro e pela natureza são um mesmo combate. Um combate no sentido em que todo o ser que compreenda a unidade entre si e a natureza é naturalmente holístico, uma vez que a Inteligência divina da qual a natureza é um simples reflexo constituem uma só coisa.

Nicola Dallaporta: Estou plenamente convencido disso!

Michel Random: Creio que essa é a grande revolução, ao menos para o Ocidente, e essa revolução deve levar em conta uma aguda análise da mentira na qual baseia-se o Sistema. Ninguém pode imaginar quanto tempo passará antes que tal análise se imponha progressivamente aos espíritos. As pessoas sentem que tudo vai mal, mas lhes é impossível tomar o menor distanciamento em relação à realidade imediata. As respostas existem, mas uma extraordinária surdez, um imenso pavor e uma completa cegueira levam à angústia e depois às piores violências. O horizonte está obstruído em todos os níveis, em toda parte as resistências são enormes e só entrevemos ínfimas soluções.

Nicola Dallaporta: Naturalmente há inúmeros interesses ancorados nessa mentalidade corrente que paralisa a sociedade atual: o grande problema é tentar libertar dela os jovens, habituados a acreditar que tudo pode ser resolvido e explicado no plano tecnológico. Como fazer os jovens compreenderem que a realidade mais profunda encontra-se no universo do pensamento e não no dos jogos mecânicos?

Penso que esses jovens, mesmo quando não foram estragados desde a infância por aqueles que os cercam, estão hoje petrificados pela facilidade com a qual tudo lhes é dado. Eles não precisam fazer nenhum esforço, tudo lhes é apresentado como que naturalmente. Se procuram a droga e o álcool, é porque não sabem o que mais fazer, pois já têm tudo o que o mundo pode lhes oferecer; e esse tudo, pelo fato de estar confinado apenas ao plano material, acaba carecendo de qualquer interesse durável para eles.

Suscitar o sentido do mistério, a consciência de que a inteligência divina é de tal extensão que nunca conseguiremos penetrá-La até o fundo e que nem mesmo todas as gerações da humanidade conseguirão esgotar tudo o que o universo contem, é essencialmente o que falta para estimular neles os verdadeiros valores da vida. Quando eu mesmo era jovem, sabíamos muito pouco em relação ao que se sabe hoje em dia e todo nosso pensamento era naturalmente estimulado a procurar compreender o que podia ir além de nossas percepções. A grande insuficiência na vida dos jovens de hoje é não haver nada que os excite e lhes dê o sentido da imensidão do desconhecido que nos cerca e sempre continuará a englobar todas as atividades do homem.

Michel Random: Quais são, em sua opinião, as questões mais urgentes e mais fundamentais que se colocam hoje para os jovens?

Nicola Dallaporta: A questão fundamental para os jovens é devolver-lhes o interesse pela vida, que perderam pelo fato da vida que lhes tem sido oferecida ser desprovida de qualquer valor real. Quantos dentre eles recebem uma educação que coloque em relevo tudo que existe para além do puro campo corporal, todos os aspectos psíquicos e sobretudo os aspectos espirituais que constituem o fundamento imortal do ser humano?

É necessário portanto, na medida do possível, abrir-lhes todas as possibilidades para que se dêem conta de que existem dimensões deste mundo das quais eles não têm nenhuma idéia; para o que, penso que em geral eles são sensíveis. Quando durante algumas palestras para jovens abordo um assunto que deixe entrever um espaço conceitual ao qual eles não estão habituados, percebo na maior parte das vezes um aumento de interesse; o que me sugere que é sobretudo sobre esses jovens que podemos agir a fim de restituir ao mundo o sentido da beleza e da verdade de que ele está repleto e que a existência de hoje está fazendo como que se perca por completo.

Michel Random: Como podemos definir um astrofísico, como se vive enquanto astrofísico?

Nicola Dallaporta: A astrofísica nada mais é do que a aplicação das leis da física aos fenômenos celestes. Outrora, a astronomia resumia-se simplesmente na observação do que se via. Quando a física se desenvolveu e se chegou ao conhecimento das propriedades dos átomos e dos núcleos atômicos, pensou-se que essas mesmas leis também deveriam reger o comportamento dos corpos celestes; e de fato, uma quantidade de fenômenos até então inexplicáveis foram esclarecidos com a aplicação das leis da física, de modo que a astrofísica tornou-se o campo absolutamente dominante de tudo o que era a astronomia. Em relação à astronomia de posição, a astrofísica, como substituta do papel principal anteriormente ocupado pela astronomia de observação, tornou-se rapidamente o campo dominante da pesquisa astronômica. Ela engloba naturalmente muitos assuntos diferentes, tais como os planetas, as estrelas e as galáxias; mas em todos os casos é sempre apoiando-se nas leis da física que tentamos explicar tudo o que constatamos.

Michel Random: O que a ciência lhe trouxe, que enriquecimento ela lhe deu?

Nicola Dallaporta: O enriquecimento conceitual oferecido pela ciência consiste na formação de um quadro tão completo e coerente quanto possível do conjunto do cosmo tendo por base as leis físicas que conhecemos. É esse o quadro total, cujos diversos fenômenos que o preenchem são os tijolos que constituem a cosmologia em seu sentido mais amplo, isto é, a visão do universo como constituindo um todo único. Visto que a luz propaga-se a uma velocidade de 300 000 km/seg., a distância máxima que, desde a origem dos tempos, nossas observações podem atingir, não pode ir além de aproximadamente 10^{27} centímetros, pois um raio de luz, emanado no instante inicial, não pôde percorrer uma distância superior, de modo que hoje uma parte imensa do cosmo ainda se mantém inacessível e provavelmente só poderá ser desvendada progressivamente no decorrer de bilhões de anos.

Evidentemente nenhum de nós, nem de nossas próximas gerações, poderá testemunhá-lo. Isso nos dá o sentido da relatividade daquilo que somos, daquilo que podemos conhecer e daquilo que é o ser humano em si mesmo, porque estamos completamente submersos por uma infinidade imensamente superior a todas a nossas concepções possíveis.

O conhecimento do desconhecimento

entrevista com Edgar MORIN

Michel Random: Nós invocamos muitos conceitos ligados à transdisciplinaridade, mas na verdade você encarna uma outra transdisciplinaridade, se ouso dizer, que me parece a mais bela de todas, a do ser vivente. Você é um homem vivo, que faz viver, além das palavras, todos os conceitos.

Aqui estamos nós, no primeiro Congresso Internacional da Transdisciplinaridade. Parece-me que este Congresso representa uma articulação entre o passado e o futuro. Como você vê essa grande passagem, essa interface entre as disciplinas propriamente ditas, que geram saber, e os conhecimentos do futuro, que deveriam ser uma ultrapassagem das disciplinas, isto é, uma unificação das disciplinas?

Edgar Morin: Bem, antes de responder, você me disse que eu era vivo e isto me agradou, mas, na verdade, quando falo de coisas em que acredito, fico em transe e é neste sentido que talvez eu seja trans. Mas também sou muito indisciplinado ou indisciplinar. Então, sou trans-indisciplinar antes de tudo.

Agora, para responder à sua pergunta, acho que o problema está além das disciplinas, ele está inicialmente numa estrutura do pensamento e nos conceitos básicos que comandavam ou controlavam o conhecimento, particularmente o conhecimento científico, naquilo que podemos chamar de ciência clássica, mesmo que não possamos dar-lhe uma data de nascimento nem de morte. Na verdade, ela está morta, mas sempre vive. Bem, então o que é? É que havia três pilares de certeza. O primeiro pilar de certeza é a ordem: o mundo é ordenado, era uma herança da visão onde Deus, Ser perfeito, criou um mundo perfeito. Dizia-se então: o mundo é ordenado, obedece leis, obedece um determinismo absoluto e tudo que está em desordem, tudo que parece vir do acaso, é apenas uma aparência, que vem de nossa ignorância atual. A desordem é intolerável.

O segundo pilar era a separabilidade. Descartes dizia: "Quando vejo um emaranhado de dificuldades, eu as isolo umas das outras e as resolvo umas depois das outras, assim progrido na solução do problema". A idéia de que podemos conhecer de maneira separada, corresponde a um modo de pensar completamente normal, que é o pensamento analítico, mas que esquece o outro aspecto, a passagem da análise para a síntese, da síntese para a análise. A separação se espalhou, não apenas entre as ciências, ciência física, ciência biológica, ciência humana, mas no interior dessas ciências, na separação entre as disciplinas e sub-disciplinas e tudo se formou numa compartimentarização.

É preciso dizer que as ciências de fato progridem, na medida em que quebram essa compartimentarização, que sempre se refaz. A separabilidade também se mostrou entre a ciência e a filosofia. É dito que a ciência deve descartar os problemas filosóficos, que são ocos. E com isso, ela descartou os seus próprios problemas, do mesmo modo que a filosofia ignorou as aquisições trazidas pelos desenvolvimentos da cosmologia, da biologia etc. E depois, a separação se revelou entre o sujeito e o objeto, entre o observador e a observação. A partir do momento em que vários observadores diferentes estão de acordo a respeito de uma mesma experiência, afirma-se que ela é verdadeira e elimina-se então o sujeito. Por fim, há esse paradoxo de uma ciência moderna que conhece quase tudo no universo, salvo a si mesma. Salvo o que fazem os cientistas, o que se passa em suas cabeças e salvo, também, para onde vai a ciência cujo futuro é absolutamente imprevisível.

Dois, a separabilidade, e três, a pseudo-racionalidade, que podemos chamar de racionalização. Insisto na diferença porque a racionalização é fechada, é um sistema muito lógico, mas, evidentemente, não corresponde à realidade exterior quando o interrogamos. Ele utiliza corretamente a lógica, isto é, a indução, a dedução, o princípio de identidade, de contradição, do terceiro excluído e então acredita-se ter um fundamento de certeza.

Vocês têm, portanto, três fundamentos de certeza: a ordem, a separação, a lógica, mas hoje eles estão em jogo, pois esses fundamentos ou esses pilares estão profundamente abalados.

Vou retomá-los um após o outro. A ordem aparece com o surgimento, no século XIX, da termodinâmica. A agitação das moléculas, sob o efeito do calor e também sob o efeito da microfísica, mostra que existem fenômenos que já não podem ser determinados pela escala das partículas. Hoje a cosmofísica mostra que o universo nasceu numa agitação indescritível e que tudo, desde a estrela até a história humana, é um coquetel de ordem, de desordem e de organização, cada vez diferente. O dogma da ordem está morto. É o que aparece cada vez mais, ainda que certos cientistas continuem a repetir, 'como uma litania', que a única verdade está nas leis da natureza. Eles têm horror à palavra desordem, que para eles soa imperfeita; mas o universo é imperfeito.

A ordem não é expulsa, não é destruída, mas já não está sozinha. A separabilidade continua a existir segundo o princípio cartesiano. No entanto, o absolutamente notável é que na mesma época Pascal formulou um princípio a respeito do qual ninguém tomou conhecimento durante séculos. E o que Pascal dizia? Ele dizia mais ou menos o seguinte: *"Todas as coisas sendo causadas e causadoras, as mais distantes estando unidas insensivelmente umas às outras, considero impossível conhecer as partes se não conheço o todo, assim como considero impossível conhecer o todo se não conheço singularmente as partes"*. Em outras palavras, o conhecimento é um círculo, uma lançadeira das partes ao Todo. Sendo assim, vocês já não podem separar o conhecimento das partes do conhecimento do todo.

À sua maneira, é isso que nos mostra a teoria dos sistemas e seu princípio se mostra tão evidente que ela tem sido muito divulgada. Em outras palavras, todo conjunto organizado produz qualidades que não existem nas partes isoladas e que evidentemente retroagem sobre o conjunto. Assim, por exemplo, a sociedade humana produz a cultura, a linguagem, as instituições, que retroagem sobre nós indivíduos e permitem a nossa realização.

O famoso 'Paradoxo de Einstein-Podolsky-Rosen' foi experimentalmente provado por Aspect. É o que revela a experiência de Aspect em 1983, que mostra que existem de fato relações, e não comunicação por sinais, mas correlações, influências imediatas entre entidades microfísicas que num sentido já não estão separadas pelo tempo e espaço, onde já não existe um limite para toda relação entre corpos físicos, por exemplo, o da velocidade da luz. Isso nos mostra que tudo o que está separado é, ao mesmo tempo, inseparável. Portanto, inseparabilidade e separabilidade são duas faces do real.

Simultaneamente, subsiste o fato de que não podemos separar o observador da coisa observada. Nas relações de incerteza de Heisenberg o observador perturba a coisa observada. A Escola de Copenhague também diz: "Não conhecemos o real em si, conhecemos nossa relação com o real".

Michel Random: De fato, uma correlação nada tem a ver com qualquer transmissão de informação. 'A' sabe o tempo todo o que 'B' vai fazer e reciprocamente, e isso independentemente da distância e do tempo. Os físicos e os filósofos meditaram incessantemente sobre essa propriedade inusitada na qual o espaço-tempo já não tem papel algum, pelo menos no sentido clássico do termo. Há cinco mil anos os taoistas já diziam que o homem e o universo são uma só coisa e instantaneamente. De certo modo, eles pensaram primeiro sobre a não-separabilidade associada ao Vazio.

Edgar Morin: Uma influência ou uma correlação, pouco importa. O importante é o que levou alguns físicos como D'Espagnat à idéia da inseparabilidade até mesmo das coisas mais afastadas em nosso universo. De qualquer maneira, devemos manter o paradoxo: o que é separável é, ao mesmo tempo, inseparável.

A terceira coisa, o terceiro pilar da ordem, é a lógica. Em primeiro lugar a indução. Popper críticou-a e talvez você me dirá que ele não foi o primeiro, mas ele o fez de maneira bastante rigorosa, dizendo que a partir da indução não poderíamos tirar uma lei de uma generalidade absoluta. Quanto à dedução, eu diria que ela foi atacada em sua base silogística. Seu calcanhar de Aquiles já fora revelado no famoso paradoxo de Epimenides, o Cretense: "Todos os cretenses são mentirosos". Assim, se ele diz a verdade, ele mente, se mente, diz a verdade. O teorema de Gödel, tão difícil aliás de interpretar e de entender, propõe pelo menos a seguinte idéia: a de que em todo sistema formalizado suficientemente complexo comportando a aritmética (mas podemos dizer que é válido também para todo sistema complexo logicamente constituído), há pelo menos uma proposição que não pode ser provada, que é duvidosa e que pode ser contraditória. Em outras palavras, nenhum sistema pode se autodemonstrar logicamente através de seus meios dedutivos internos. O que Tarsky tinha dito em outras palavras: do ponto de vista da lógica semântica, nenhum sistema dispõe da possibilidade de se autoexplicar totalmente. Podemos explicá-lo passando a um meta-sistema que também contém sua própria brecha. Assim, nós humanos não podemos nos explicar totalmente, pois não podemos nos tornar meta-humanos.

Nós nos damos conta, então, que essa lógica que parece funcionar tão bem tem seus limites. Por outro lado, os mais profundos avanços das ciências nos mostram ambigüidades ou chegam a contradições. Assim, a partícula é um ser absolutamente ambíguo, ora aparece como onda, ora como corpúsculo; o fóton não tem materialidade, não tem massa, e no entanto existe. De algum modo o estatuto da partícula escapa aos critérios da lógica clássica. A partir do momento em que nos aprofundamos nos grandes problemas, chegamos a incertezas lógicas. A lógica clássica é, sem dúvida, um instrumento necessário em todos os segmentos do pensamento ou do discurso, mas não nas concepções globais.

Os três pilares, a ordem, a separabilidade e a assim chamada racionalidade, baseada na lógica clássica, foram atingidos. Isso não quer dizer que se vá substituir a ordem pela desordem, a separação pela não-separação e a lógica por não importa o quê! O que chamo de tratamento complexo, o pensamento complexo, é aquele que concebe a união da ordem, da desordem e da organização. Em outras palavras, a dialética, eu diria dialógica, é a relação complementar e antagônica entre desordem e ordem. É a união da separabilidade e da não-separabilidade. Você pode distinguir as coisas, pode dizer isto é um cinzeiro, isto é um micro. Mas este micro, por sua vez, está ligado a uma televisão, a qual está ligada a todo um sistema social.

Michel Random: A não-separabilidade pode ter um sentido cosmológico, metafísico. O que é não-separado no universo, não é a consciência necessária, como diria Basarab Nicolescu, à autoconsistência do universo, o que também poderíamos chamar de consciência cósmica? A consciência não viaja no espaço-tempo. É o ser. O centro está, como dizia Pascal, em todo lugar e instantaneamente presente. Por si só esse conceito é capaz de estabelecer a união entre a ciência e a visão das tradições. Nele encontramos a idéia da presença do infinito, da osmose céu-terra, de um cosmo onde o homem e sua consciência estão totalmente presentes, ou melhor, estão integrados num 'ser' cósmico. Esses conceitos são os das grandes sabedorias de todos os tempos e não podemos negar que eles nos questionam.

Edgar Morin: Eu diria: em nosso mundo temos dois separadores, apenas dois: o espaço e o tempo. No fundo, o mundo só existe porque criou-se a separação, essa dupla separação. Aliás, o Gênese diz: "No começo

Elohim separa a luz e as trevas". Para que haja um mundo, é preciso que haja uma separação. Um mundo empírico, um mundo fenomênico no qual estamos! É evidente que isso quer dizer que, se existimos neste mundo de separações que é o nosso, separados inclusive de nós mesmos, há alguma coisa, um outro mundo inseparável do nosso, onde não há separação.

Michel Random: Nesse caso, a imagem do mundo anterior à separação é o jardim do Éden. A 'Queda' simboliza a entrada no mundo dos fenômenos, portanto da causalidade. E essa causalidade é sinônimo de sofrimento. Deus, através das Escrituras, mostra por todos os meios possíveis que podemos escapar dos sofrimentos bem como da Queda por meio de um desapego de nós mesmos, por meio de uma consciência da realidade tal qual ela é, humana e espiritual. Essa realidade está em nós mesmos, é a Escuta do que é. Nosso espírito, nossa consciência, nosso sentido do misterioso e do universal são as portas do mistério. O Paraíso pode aparecer como o símbolo da não-separabilidade no sentido metafísico. Nós o perdemos, é verdade, mas sua imagem 'virtual', seu mundo de pura luminosidade, foi a fonte de conhecimento, a Revelação de todos os místicos através dos tempos. Nesse sentido, o Paraíso também é nossa atualidade, nosso eterno presente.

Edgar Morin: Não chegaria, como você, a dizer que seja um presente eterno, que é algo indizível e inominável. Retomo a metáfora dos pensadores do Mahayana a respeito da oposição entre o Nirvana (que é uma espécie de vazio absoluto e que ao mesmo tempo é o pleno) e o Samsara que é o mundo das aparências, das ilusões. Eles dizem: são as duas polaridades do mesmo. Pessoalmente eu diria que este mundo misterioso da não-separação onde não há tempo nem espaço, é, no fundo, o mesmo que o nosso mundo fenomênico. Confesso que me inclino muito mais para um mistério indizível do que para alguma coisa que eu possa explicar.

Michel Random: Abrindo um pequeno parênteses, gostaria de citar a esse respeito as últimas palavras de Suzuki, que foi um grande Mestre Zen. Quando estava em seu leito de morte, levantou-se de repente olhando fixamente alguma coisa à sua frente. Disse então: *"Ah! Vejo qual é a diferença entre aqui e o além!"* Depois, fechou os olhos, deitou e acrescentou: *"...e não há diferença!"*

Edgar Morin: Bem, vou esperar esse momento para talvez poder saber se direi a mesma coisa! De toda maneira, creio que de fato chegamos ao ponto onde os contrários não apenas se tocam, mas também se unem.

Para resumir meu sentimento profundo, tenho uma concepção da complexidade. Penso que ela é muito mais rica do que as concepções mecânicas, lineares etc. Penso também que não é a última palavra sobre o real. Evidentemente a complexidade leva em conta coisas que o mundo clássico do pensamento não levou em conta, mas não se trata da última palavra. Além disso há uma zona incerta, um claro-escuro no qual nos aproximamos de um mistério onde a linguagem não chega, mas onde às vezes, através de metáforas, através de evocações e principalmente através da poesia, não podemos dizê-lo, mas traduzi-lo.

Penso em Joé Bousquet, que chamou um de seus livros *Traduzido do Silêncio*. A complexidade traduz barulho, porque o universo está cheio de barulho, no sentido da teoria da informação, *disputa,* agitação, movimento. Aparentemente não sabemos o que é, mas ela transforma o barulho em informações, em possibilidades. E acredito que além há o silêncio...

Os progressos do conhecimento são ao mesmo tempo os progressos da ignorância.

Michel Random: Do desconhecimento!

Edgar Morin: A má ignorância é a que se ignora como tal. Ela decorre não apenas do dogma mas também da hiper-especialização, pois as pessoas conhecem fragmentos de conhecimento e são incapazes de ligá-los. A boa ignorância é constatar que bruscamente desvendamse mistérios espantosos que não poderiam ter sido desvendados sem os progressos dos conhecimentos.

Michel Random: Você acha que daqui a vinte anos terá o mesmo ponto de vista sobre a ciência?

Edgar Morin: Digo que, atualmente, para responder à sua primeira pergunta, as mudanças estão acontecendo de maneira muito desigual nas diferentes ciências. Nas que começaram a sua revolução como a ecologia, a ciência da terra, a cosmologia, o progresso se efetua, em minha opinião, no sentido sistêmico. Os progressos não poderão acontecer senão no sentido complexo de uma epistemologia que opera a união da ordem e da desordem, a união da separação e da não-separação, o que é, no fundo, a transgressão da lógica, embora empregando a lógica clássica para as operações fragmentárias.

O que se passa atualmente no conhecimento é uma revolução de importância muito grande que atinge os paradigmas, isto é, os princípios que dirigem e comandam nosso pensamento. Uma revolução paradigmática não se faz assim sem mais nem menos, em um dia. Pensem na revolução de Copérnico, que hoje parece um minúsculo golpe de Estado, uma pequena revolução palaciana! No entanto, foi preciso muito tempo para ela se impor. Por quê?

Primeiro, havia a resistência do bom senso: a terra era de fato o centro do mundo. Havia também a resistência dos dados científicos, ou seja, muitos dados casavam muito bem com a concepção ptolomáica do mundo E, enfim, havia a resistência da Igreja, recusando que se retirasse do homem o privilégio que Deus lhe havia dado. A despeito dessas formidáveis resistências, o que conduziu à revolução? Muito bem, no início, o aumento das observações fazia com que houvessem muitas observações que não se adequavam à teoria. Houve um astrônomo genial, Tycho Brahé, que tentou encontrar a solução dizendo: sim, é verdade que os planetas giram ao redor do sol; mas o sol pode muito bem girar ao redor da terra! Bom, houve Copérnico, houve Kepler – que encontrou o eclipse com duplo foco –, houve Galileu – que teve os aborrecimentos que vocês sabem –, bem, foi preciso um século para que essas transformações acontecessem.

Penso, para responder à sua pergunta, que estamos num processo circular. Digamos que a primeira revolução, a primeira onda revolucionária foi a onda da física. A física transforma-se de uma física dogmática, determinista e mecanicista, numa física completamente nova, principalmente no caso da física quântica. E foi um abalo tal que deu origem a toda a epistemologia de Bachelard, de Popper e outros que compreenderam que a ciência já não era a certeza absoluta, mas sim algo aberto. Eles entenderam que a ciência não é o reflexo da realidade, mas que há princípios ocultos que governam o conhecimento, entre eles o científico. Que em toda teoria há processos indemonstráveis. Popper disse que em toda teoria há um núcleo duro que é indemonstrável. Lakatos e Kuhn disseram que em toda a concepção há um núcleo paradigmático que controla o conhecimento. Essa foi a primeira revolução.

A segunda revolução em andamento aparece nas ciências sistêmicas: na ecologia, nas ciências da terra e, em certo sentido, na cosmologia, que têm por objeto um sistema, um sistema muito complexo que é a terra e a ecologia, um sistema muito complexo que é a biosfera. Eis, então, concepções que podem ligar a geologia, a vulcanologia, a meteorologia... Mas essa revolução não atingiu a sociologia. A sociologia geral é uma ciência muito abstrata na qual coexistem sem se comunicar entre si, de maneira compartimentada, a sociologia religiosa, a sociologia do trabalho etc. Ela não atingiu a biologia, embora a biologia tenha feito enormes progressos com a genética e a biologia molecular. Há compartimentos que não são comunicantes e, em etologia ou em parasitologia, as explicações moleculares são completamente ininteligíveis. Há muitas ciências que não passaram por essa transformação.

A segunda revolução fez emergir as ciências que ligam e que, devido a isso, são meta-disciplinares. Então, entre parênteses, em que essas revoluções são transdisciplinares? A primeira é que, em toda parte, em *toda* parte, desde a história humana até o cosmo, intervém a dialética da ordem e da desordem. Na história humana é preciso fazer o barulho e o furor shakespeariano intervirem nos determinismos sociológicos e econômicos. A segunda é transdisciplinar porque ela une disciplinas que até o presente não se comunicavam. Então um presságio: essa revolução em andamento acontece como a batalha de Midway na primavera de 1942. Na época tínhamos poucas informações, pois estávamos isolados na Europa ocupada. O que foi esta batalha de Midway? Vocês sabem que depois do ataque a Pearl Harbor pelos japoneses, os americanos recuavam e os japoneses avançavam em toda parte. Os americanos souberam que uma enorme frota, uma esquadra japonesa, ia em direção de Midway. Eles enviaram tudo o que puderam, couraçados, porta-aviões etc, e houve uma batalha que se espalhou por centenas de quilômetros. Foi uma batalha de todos contra todos, de cada um contra todos. Aviões atingiam couraçados, mas ninguém sabia, ninguém tinha uma visão global da batalha. Às vezes, um almirante de um dos campos dizia: "Olhe, um couraçado foi atingido..." Finalmente a batalha chegou ao fim quando o almirante japonês, sendo informado que o número de suas perdas era muito maior do que ele pensava, ignorando que os americanos tinham sofrido perdas quase tão grandes, decidiu bater em retirada. A batalha fora ganha. Foi o começo da vitória dos Aliados no Pacífico.

Diria que atualmente o problema que ocorre no conhecimento é análogo ao da batalha de Midway. Por toda parte travam-se combates entre o que podemos chamar, para simplificar, as forças regressivas, as forças da cretinização dominante, as forças do mandarinato institucional e as forças de resistência absolutamente múltiplas. Elas são mentais, institucionais, ligadas à forma do modo de educação e isso porque em toda parte aprendeu-se a separar, a separar, insisto, e nunca aprendeu-se a unir. Daí as terríveis resistências, principalmente na França, país de tradição dita cartesiana. E ao mesmo tempo manifestam-se as pressões, as necessidades de um modo de inteligibilidade mais rica, a necessidade de sair de uma inteligência cega.

Por toda parte se faz sentir a necessidade de mudança. Infelizmente essas pressões são quebradas. Tome o exemplo dos estudantes que dizem: "Vou estudar tal coisa ou tal objeto", mas ocorre de o objeto ser transdisciplinar, de abranger várias disciplinas. Então dizem-lhes categoricamente: "Senhores, vocês não farão sua tese de doutorado". Eles são contrariados, são domesticados! Portanto essa batalha realmente existe e é uma batalha múltipla onde ninguém controla o campo de batalha. E essa batalha não ocorre apenas na França ou na Europa, ela acontece em todos os lugares do mundo. E seu resultado é indefinido; e para que ela seja ganha talvez sejam precisos vinte ou cinquenta anos.

Michel Random: Mas daqui até lá, com a aceleração exponencial dos acontecimentos, terão se passado vinte séculos. Nesse meio tempo duas ou três gerações terão sido sacrificadas. A exclusão, o desemprego, a miséria, são apenas a manifestação de uma desumanização em escala planetária. Os efeitos coletivos do neocientificismo, da separabilidade, levam o Sistema à sua entropia final. Ainda estamos longe do fundo do poço. A grande utopia da modernidade é uma fortaleza da Bastilha, ainda que essas Bastilhas já não tenham nenhum fundamento e pareçam cada vez mais castelos de cartas. O desmoronamento ainda pode durar vinte anos ou mais, no entanto talvez possa ocorrer amanhã de manhã ou em alguns meses. Vinte anos, para o Ocidente, parecem-me um prazo longo demais para sua sobrevivência; a partir de agora uma total mutação deve acontecer muito rapidamente.

Edgar Morin: Minha esperança é que em vinte anos

a batalha de Midway talvez tenha encontrado seu desfecho, e então... Olhe a Sorbonne, por exemplo, proveniente da Idade Média, denunciou todos os avanços das ciências modernas nos séculos XVII e XVIII. Foi preciso esperar a reforma da Universidade, que aliás veio de fora, da Alemanha, através de Humbolt. A Universidade secionada em departamentos generalizou-se e foi preciso esperar esse momento para que a ciência, em vez de ser rechaçada, fosse integrada. Hoje, é essa nova Sorbonne, essa nova Universidade que, com seus departamentos, suas disciplinas, rejeita, rejeita, rejeita. A reforma talvez venha de um lugar periférico. Na época da Reforma, Berlim era a capital minúscula de um pequeno país minúsculo, a Prússia. Em minha opinião, talvez isso venha do Liechtenstein! Parece que em San Marino há uma boa universidade! Isso vai acontecer. Estamos na indecisão, na incerteza. Espero mesmo assim que as forças pertinentes vençam.

Michel Random: Minha pergunta dizia respeito a duas idéias. A primeira, à aceleração da história, e portanto também a do conhecimento, principalmente em física; a segunda, às grandes rupturas que nos ameaçam. Essa aceleração (que acabamos de evocar com Philippe Quéau) nos faz entrar num mundo muito mais virtual que real. Essa virtualidade presente e futura é potencialmente portadora tanto de esperanças como de ameaças. Philippe Quéau chamava a atenção, em particular, para a bolha financeira. O fato de mais de sessenta por cento das trocas financeiras do planeta serem apenas especulativas, portanto virtuais, gera a ameaça de uma espécie de *crash* do conjunto do mundo econômico, com consequências inimagináveis. Certo, o mundo não vai parar de girar, a vida vai continuar, mas esse risco é apenas um exemplo entre tantos outros, ecológicos, imunológicos, socio-econômicos etc. É verdade que as grandes rupturas são necessárias às grandes mutações. Mas a que preço!

O mesmo acontece com os nossos conhecimentos. A bolha do saber não é menos real. Essa bolha forma mentes, dá uma visão tecnológica do mundo que já não corresponde ao real, ela fabrica uma realidade contra a natureza. Além disso, nossas certezas de hoje deixarão de existir em vinte anos. A física será outra, os conceitos serão complemente diferentes. Consequentemente, todas as batalhas de Midway que restam a ser travadas, e que devemos travar hoje, são indispensáveis, ainda que elas sejam dirigidas a situações oriundas de um passado que já não é real. Assim, elas já aparecem como velhas batalhas de capa e espada, irrisórias em relação à nova realidade.

Edgar Morin: Em minha opinião, de modo algum, pois no fundo a batalha que se trava é a batalha entre forças de explicação, que já não explicam praticamente nada, e outras que de fato pretendem se abrir e com isso dar mais conta da realidade. Dito isso, pode ocorrer a descoberta de uma dimensão desconhecida que mude tudo. De fato, é possível descobrir tudo, da mesma forma que num dado momento a descoberta do eletromagnetismo nos revelou alguma coisa que era onipresente mas que ignorávamos. Então, quem nos diz que não se descobrirá uma dimensão desconhecida em nosso universo que esclarecerá muitos fenômenos ainda inexplicáveis. Isso é uma coisa, mas em minha opinião ela apenas reforçará os bons combatentes da batalha de Midway, pois lhes trará reforços.

Você também falou do virtual, mas eu não falo das consequências econômicas, isso é outro tipo de previsão, pois nosso mundo econômico-social pode desmoronar, pode ocorrer uma vasta crise planetária, as bombas atômicas... Pode acontecer desastres para a humanidade que sem dúvida perturbariam enormemente as possibilidades da ciência. O que é importante? É que desde já, a palavra 'virtual' adquire um sentido muito mais real do que antes. Pois até o momento presente virtual queria dizer uma possibilidade em si, mas que ainda estava nos fantasmas, nas brumas.

Hoje em dia, o virtual está na origem do real. Virtual vem de 'virtus', que é quase o equivalente da palavra *physis* e, para os gregos, o que era a *phisis*? O que nasce, o mundo de onde as coisas nascem. E se hoje o real deriva do virtual, este torna-se real e o real torna-se relativo. Lupasco dizia isso quando exprimia a dialética da atualização e da potencialização. O que era potencializado não era não-realidade, era alguma coisa que passava para um certo estado onde não se manifestava, mas que tinha sua realidade própria, pois podia se manifestar! Portanto penso que chegamos a uma grande transformação, chegamos a colocar em questão a noção do real que parecia uma coisa evidente, material, para o cientista. A microfísica já tinha colocado isso em questão e nós vamos recolocá-lo em questão de novas maneiras.

Em minha opinião, haverá uma junção com o que se passa nas ciências. O mundo ocidental voltou-se para o ativismo, para a ação, para as transformações técnicas, materiais e, como frequentemente foi dito, para uma verdadeira degradação da interioridade e daquilo que podemos chamar de vida psíquica, de vida espiritual. E esse mal-estar, essa perda da interioridade hoje é sentida não tanto entre os cientistas, cuja maioria está 'burocratizadas', mas é sentida no que chamamos de sociedade civil, por pessoas que têm aulas de ioga, de zen, que procuram gurus, que vão ao psicanalista, ao psicoterapeuta familiar, o que significa que há algo que vai mal no interior dos indivíduos e é sentido. Ora, um dia será preciso realmente que essa necessidade se exprima. É claro que muitas vezes essa necessidade é satisfeita de forma mercantilista: ioga em dez aulas por 200 francos com tudo incluído. É como a carta de motorista! Ora, acho que essas necessidades são cada vez maiores. Infelizmente elas assumem formas comerciais, esquematizadas, mas mesmo assim traduzem essa profunda necessidade. Dá-se de novo um sentido a palavras que foram excluídas do vocabulário, pois para a tradição positivista não passava de invenções grotescas: alma! espírito! No entanto, o que sabemos é que nem a alma, nem o espírito estão separados do cérebro.

Michel Random: São gerações de pessoas cada vez menos adaptadas ao nosso tempo. O que precisamos dizer-lhes? Você têm diante de si a geração dos quinze aos vinte anos, e sei que isso acontece com frequência. Eles vivem neste século, neste fim de século, com todas as angústias que você acabam de evocar. E assim mesmo você quer lhes dizer algo verdadeiro, que seja portador de esperança: eu, Edgar Morin, na qualidade de Avô, tenho uma mensagem para vocês; eu Edgar Morin, na qualidade de homem de ciência, tenho uma outra, como filósofo eis como vejo o futuro. O que você lhes diria?

Edgar Morin: Eu não me colocaria como avô falando: crianças, escutem minha experiência. Primeiro porque sei que: 1) a experiência, é o que há de mais biodegradável (oitenta por cento da experiência não pode ser transmitida); 2) o que acreditamos ser nossa experiência talvez não seja a experiência. Então eu seria muito prudente e diria simplesmente isso: vocês estão num mundo perigoso, vocês estão num mundo no qual não apenas não lhes foi dada nenhuma linha diretriz que possa guiá-los, mas onde, pelo contrário, as velhas linhas diretrizes (e num sentido, ainda bem) se quebraram. Vocês mesmos devem tentar entrar na aventura desconhecida.

Digo que a humanidade está numa aventura desconhecida, estamos na aventura desconhecida. Há trinta anos vos teriam dito: vocês estão próximos do fim da história. Uns diziam, o socialismo vai se concretizar, tudo ficará bem; outros: a democracia e o mercado vão consertar tudo, tudo vai ficar bem. A promessa era que finalmente só tínhamos que ultrapassar as últimas etapas.

Estamos num recomeço, estamos num início. Eu diria: esta não é a 'luta final', é a 'luta inicial'. Devemos repensar, devemos recomeçar. Isso pode parecer assustador para muitos, pode parecer desencorajador, mas se você tomar isso em suas mãos, torna-se tonificante, essa aventura torna-se a sua aventura. Nela você põe em jogo a sua vida, você deve fazer suas apostas conscientemente, viver é isso. E, por fim, você se religa com tudo o que sempre aconteceu na humanidade. Desde o começo, a humanidade não viveu num ciclo repetitivo, mas numa aventura cujo sentido ela não conhecia. Somente agora conhecemos a ausência de sentido onde pensávamos encontrar um; a aventura é desconhecida.

Eu diria: aí está, você está nisso, existem riscos, existem possibilidades e você não encontrará em lugar nenhum uma situação onde uma possibilidade não comporte riscos. Evidentemente é preciso, de algum modo, aderir à vida, isto é, empregar suas forças vitais com coragem e entender que à noite, nas trevas, sabemos que mesmo assim existem forças positivas. Quais são essas forças positivas? Então eu diria: tudo é combinação de prosa e de poesia. O que é a prosa? A prosa é o que é técnico, o que é material, o que é prático. A poesia o que é? A poesia é a dança, é o canto, é a festa, é o amor, é a embriaguez etc. Bem, a dimensão poética da vida é o que vai lhes dar o sentido da vida e o amor é a dimensão poética suprema. E nessa aventura desconhecida, a fraternidade, a união, também é uma força.

Guy de Maupassant o dizia num de seus romances que chamado *Fort Comme la Mort*, onde qualificava o amor. Não digo que o amor seja tão forte quanto a morte, mas que ele sabe lutar com a morte. E diria, então, vivam poeticamente, amem e vocês terão um viático.

Michel Random: Obrigado Edgar Morin, tudo o que você acabou de dizer é muito bonito, muito claro, absolutamente essencial. É construir sobre o desastre a visão da renovação, empreender a batalha do vivo. E você é, como eu dizia no começo, o próprio espírito vivo.

Prof. Nicola Dallaporta e Michel Random

Solange de Maille-Nesle, Stéphane Lupasco e Basarab Nicolescu

Roberto Juarroz, Michel Camus e Michel Random em 1996

Colóquio de Veneza – Março de 1986

Grupo de participantes do Colóquio de Veneza:
1. Mario Rossi – 2. Michèle Abraté – 3. S. K. Shayo - 4. Ernesto Talentino – 5. Yujiro Nakamura (Japão) – 6. M. X. – 7. D. A. Akyeampong – 8. Mme. Rubin de Cervin (UNESCO) – 9. Eiji Hattori (Japão, UNESCO) – 10. Rupert Sheldrake (Reino Unido) – 11. Vladimir Zharov (Rússia, UNESCO) – 12. Ubiratan d'Ambrosio – 13. David Suzuki – 14. Avishai Margalit – 15. Henry P. Stapp (Estados Unidos) – 16. Basarab Nicolescu (França) – 17. Gilbert Durand (França) – 18. Michel Random (França) – 19. Jean Dausset (França) – 20. Nicola Dallaporta (Itália) – 21. Santiago Genoves (México) – 22. Dominique Caillier (UNESCO) – 23. Susantha Goonatilake

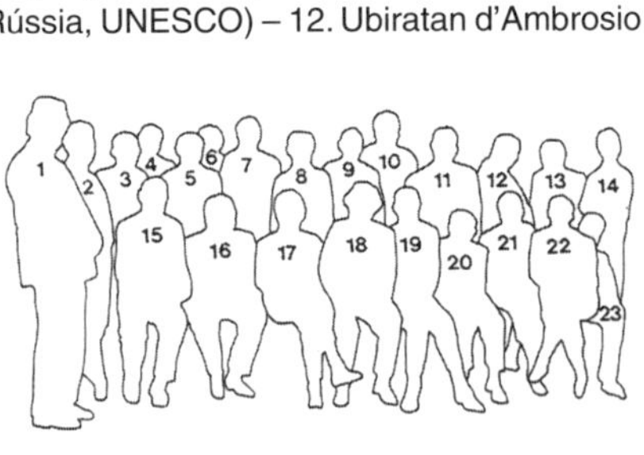

Basarab Nicolescu (França) e Eiji Hattori (Japão)

Henry P. Stapp (Estados Unidos) e Basarab Nicolescu

Prof. Ubiratan d'Ambrosio (Brasil)

Henry P. Stapp,
Michel Random e
Santiago Genoves

Prof. Yujiro
Nakamura e
Rupert Sheldrake

Colóquio de Arrábida, Portugal
Novembro de 1994

Vista Geral da Abadia de Arrábida, Portugal

Lima de Freitas, Basarab Nicolescu, Mario Soares (ex-Presidente de Portugal)

Philippe Quéau
e Basarab
Nicolescu

Michel Random,
Edgar Morin e
Gilbert Durand

Edgar Morin,
Ubiratan
d'Ambrosio e
Michel Random

1º Encontro Catalisador:
A Evolução Transdisciplinar na Educação
São Paulo, Abril de 1999

Maria F. de Mello, Basarab Nicolescu, Fredric M. Litto e Vitória Mendonça de Barros

Maria F. de Mello e Basarab Nicolescu

Vitória Mendonça de Barros, Paul Taylor e Gaston Pineau

Humberto Maturana (Chile)

Maria F. de Mello

Michel Random, Vitória Mendonça de Barros, Basarab Nicolescu, Maria F. de Mello, Fredric M. Litto, Humberto Maturana, Paul Taylor, Gaston Pineau e Américo Sommerman

Sessão plenária do 1º Encontro Catalisador

II

A ARTE,
O IMAGINÁRIO,
O REAL

Para compreender uma voz, escute todas as outras

entrevista com
Roberto JUARROZ

Michel Random: A poesia tem lugar determinante nesta reflexão sobre a transdisciplinaridade. A poesia, a arte, a música pertencem ao conhecimento sutil. Os antigos Gregos chamavam a energia do cosmo de 'pneuma', que quer dizer 'sopro'. É o Sopro da Criação e da própria inspiração. Assim apareceu ao lado das ciências da natureza e das ciências humanas, o que poderíamos chamar de *ciências do sutil*, abarcando a via poética, a via mística e todos os aspectos sutis ligados à energia, que eu gostaria de chamar de espírito vibratório do universo. Trata-se de uma ciência particular às tradições, pois Tradição implica 'Revelação'. O que você acha disso?

Roberto Juarroz: A poesia e a arte já são transdisciplinares e nesse sentido o homem sempre foi transdisciplinar. A poesia e a arte. No conjunto dos conhecimentos, a poesia e a arte antecipam-se à consciência e à filosofia. Em nossa época, a ciência e os conhecimentos procuram desesperadamente uma síntese. A arte e a poesia já deram um grande exemplo vivo dessa síntese. Quero falar da unidade dos conhecimentos que desde sempre se realizou na poesia. Se as ciências, a filosofia e o conhecimento em geral tomarem consciência dessa profunda afinidade da poesia com o pensamento global e, além disso, compreenderem o exemplo do pensamento poético, isso os levará a ultrapassar certas resistências tradicionais da ciência e da filosofia. Se essa dupla relação da ciência e da poesia se realizasse, o pensamento transdisciplinar ganharia muito.

Michel Random: É verdade que o pensamento materialista vê em todas as coisas aspectos separados e não a unidade fundamental que rege toda a complexidade. O cientificismo reducionista, ainda que sempre atuante, não pertence a nenhuma história do pensamento. A concepção dualista só é própria à nossa 'modernidade' e não corresponde à visão quântica do real; nesse sentido a causalidade deixa de ser científica, se atribuirmos a essa palavra toda a sua nobreza, que inclui o pensamento e a consciência nos fenômenos.

Por isso, mais do que nunca, temos necessidade de ar, de fôlego, de respiração, de música e de poesia, em suma, de arte verdadeira. Quando a 'ciência do sutil' reaparecer realmente integrada à nossa vida social, econômica, cultural e espiritual, ela terá muitos efeitos práticos. Compreenderemos, por exemplo, o extremo perigo das manipulações biológicas. Sem o sutil, o vibratório, sem levar em conta o invisível, o realismo só pode dar à luz um real disforme, monstruoso em suas consequências, e desumano. Os poetas encarnam esse 'sopro do sutil' que faz tanta falta a nossa civilização. Para sobreviver, nossa vida cada vez mais tecnológica tem necessidade da dança imponderável do invisível, que é o verdadeiro corpo do real. Você que escreveu tantos poemas extraordinários nesse sentido, poderia nos recitar um deles?

Roberto Juarroz: Não memorizo muito bem os meus poemas, mas eis o que me vem a mente. Se a poesia engloba todas as coisas, toda realidade pode encontrar seu lugar na poesia. Alguém disse: todas as coisas são familiares à poesia, salvo uma: a trivialidade. Falou-se muito nestes últimos anos que a transdisciplinaridade é uma consciência da realidade, a linguagem da realidade. Essa consciência, em princípio, nada deve ignorar, é uma exigência dos valores essenciais face à realidade.

Parece ser essencial, para mim e para a poesia em geral, unificar de uma vez por todas a escala da realidade. Mudar de escala é compreender, enfim, que a realidade é o infinito.

Michel Random: É verdade, o infinito é a própria 'viagem' do ser. Venho do infinito e volto ao infinito. Por isso, a Palavra reflete o indizível. Nesse não-ser de todas as coisas, nessa vacuidade do real, sobra essa encarnação do poeta, o que me faz dizer que, se a poesia é a linguagem manifestada do silêncio indizível, o poeta é o mistério manifestado da poesia. Há, Roberto Juarroz, essa temporalidade meditativa da poesia, essa encarnação do poeta portador da Palavra e a manifestação atemporal da Palavra através do Poeta. No cume do tempo e do não-tempo, do ser e do não-ser, há o mistério do transcendente e do imanente. Assim percebemos bem o objeto, a disciplina e o sujeito, o transdisciplinar que são o viajante e a viagem, mas o real derradeiro, como você disse, é o infinito.

Roberto Juarroz: Efetivamente é impossível compreender a menor das coisas sem ligá-la ao Todo. É o princípio eterno da poesia. Há um célebre poema de Baudelaire, o poema das 'Correspondências'. Correspondência significa que todas as vozes se respondem no universo, todas as coisas se unem umas às outras e, para compreender uma só dessas vozes, precisamos entender e escutar todas as outras. Nesse espírito, a transdisciplinaridade é uma necessidade profunda, sobretudo em nossa época onde o futuro do homem é muito problemático.

Michel Random: Como você vive essa problemática? Você a sente como uma situação trágica e sem esperança ou acredita ainda restar uma porta aberta? Em você, o poeta é um desesperado ou um portador de esperança?

Roberto Juarroz: A poesia nunca ignorou o desespero, nem os extremos da realidade humana, que nem sempre são felizes, mas creio que a abertura do pensamento para toda a realidade também seja uma resposta. A poesia é esta abertura, é uma linguagem extrema que nos leva a essa abertura.

Michel Random: Portanto, nada de trágico? Sim à abertura, sim à esperança.

Roberto Juarroz: Toda a questão é testemunhar uma profunda atenção à realidade, viver com a realidade, acabar com sua mentira e fazer da linguagem a realidade do homem.

Michel Random: É uma conclusão muito bela.

A essência visionária dos sonhos e da criação

entrevista com
Lima de FREITAS

Michel Random: Lima de Freitas, você é ao mesmo tempo pintor, escritor, homem de sabedoria e de conhecimento, tantas qualidades que fazem de você um homem naturalmente transdisciplinar. Como você vive essa transdisciplinaridade natural?

Lima de Freitas: Acho que todo artista, dada a própria natureza da atividade artística, já é mais ou menos 'transdisciplinar', mesmo quando desconhece essa palavra (que, aliás, é comprida demais). No entanto, a transdisciplinaridade, enquanto idéia nova explicitamente oferecida à meditação de todos e considerada como uma nova maneira de abordar os problemas da complexidade crescente do mundo, das estruturas do conhecimento e das ações humanas, é algo recente. Sob esse ângulo e nessa acepção, a transdisciplinaridade é uma aventura à qual fui naturalmente sensibilizado graças a bons amigos. Em primeiro lugar, pelo físico Basarab Nicolescu, grande mobilizador do movimento. Fui um dos primeiros membros do CIRET: Centro Internacional de Estudos e da Pesquisa Transdisciplinar, criado em Paris.

A transdisciplinaridade que queremos desenvolver

poderá, talvez, preencher as lacunas muito sérias do pensamento e da realidade atuais. O conhecimento humano tem uma tendência inevitável para se dispersar na multiplicação das disciplinas, como o mercúrio que, ao cair no chão, se divide em mil gotas, refletindo uma multiplicidade de imagens. Cada uma continua a ser um fragmento do conhecimento humano, mas mostra-se separada, afastando-se cada vez mais das outras. A quantidade, a dispersão inevitável e a multiplicação dos ramos do *saber* e do *fazer*, ao invés de tranquilizar os homens, de enriquecê-los e elevá-los, cria, ao contrário, a confusão, a dispersão dos conhecimentos e acaba escondendo completamente as verdades essenciais do homem e a verdadeira compreensão do universo que habitamos.

A percepção de uma unidade comum, a intuição de uma profunda verdade universal evidente e oculta, partilhada por todos os seres e impalpável, é o tesouro comum de numerosas civilizações e culturas. No entanto, perdemos isso, nossa cultura ficou doente por causa da fragmentação e da alienação, perdemos o centro, as crenças partilhadas, os valores e as razões para viver e criar. Vivemos justamente essa espécie de dispersão 'mercurial' que nos leva à catástrofe. O mundo de hoje é o lugar da separação e da dispersão, da ignorância recíproca, do desprezo, dos orgulhos que se manifestam incessantemente nos arrogantes combates de idéias, de concepções opostas, de ideologias elas próprias divididas, de poderes e de interesses contrários, até a cólera e o ódio das guerras incessantes e cruéis. Tudo, ou quase tudo, parece desmoronar continuamente sob o peso de acontecimentos e de forças que, apesar de nossas ciências 'exatas' e nossas tecnologias 'de ponta', nem sempre são previsíveis nem controláveis. São ondas ameaçadoras de complexidades crescentes que ainda ocultam outras complexidades e as medidas de urgência tomadas para deter as degradações permanentes só fazem mostrar novas complexidades e ainda mais ameaçadoras.

Michel Random: É por isso que nessa fragmentação do homem e dos tempos modernos o artista, o verdadeiro artista, como o poeta, pode ser um pólo, um centro e, perdão pela humildade, você representa bem esse tipo de artista que é profundamente homem de conhecimento. Artista no sentido de arquiteto construindo a visão, a visão aparente e oculta, a relação da parte e do todo, o sentido simbólico que é ao mesmo tempo beleza e número. O artista também é um alquimista, dá forma ao material, faz vibrar a cor, harmoniza em diferentes níveis o visível e o invisível. Ele é tanto homem de conhecimento quanto chefe de orquestra. Por isso ele é de fato um centro, que une e reúne, que sobretudo integra, liga, harmoniza. Sua arte, sua obra, seus escritos, sua vida, seus ensinamentos, manifestam esse caminho do conhecimento integrado, ao mesmo tempo visível e oculto.

Lima de Freitas: Penso, de fato, que talvez a arte possa desempenhar um papel discreto, mas imenso, no caminho de uma reintegração humana. Não é próprio da transdisciplinaridade unir numa unidade inteligível e *bela* um conjunto de formas e relações formais, de cores, ritmos, mas também, claro, emoções, intenções, conteúdos ocultos ou aparentes, tudo isso constituindo, não uma cacofonia, mas uma harmonia complexa, rica, viva? Sem dúvida existem leis de composição e de ritmo, mas elas mesmas só se tornam verdadeiras se a vida estiver presente nelas. Trata-se de criar uma unidade profunda e indissolúvel que seja ao mesmo tempo rica ao infinito de liberdade, de diferenças, de imprevisível. Eis que os opostos se conciliam, que o múltiplo é unitário, não uma unidade analítica, se posso dizê-lo, mas uma harmonia que restitue a totalidade infinita, no centro da qual há o *um* do Todo, ou, se você preferir, o vazio, um vazio cheio. Em minha opinião, tudo isso é profundamente transdisciplinar. No fundo, os cientistas, os pesquisadores, os especialistas dos diferentes saberes, também aspiram à obra de arte e chamam isso de 'transdisciplinaridade'...

O que procuramos e onde? Procuramos a 'cifra' do Todo, o *alleph*, o Livro da Biblioteca de Babel do conto de Jorge Luis Borges. Procuramos nos intervalos entre as ciências e as disciplinas. Está claro que é preciso que as disciplinas existam para que um saber coerente possa se manifestar. No entanto, as imagens sucessivas que as ciências nos oferecem se dispersam, como as gotas de mercúrio, tendo esquecido que há um único mercúrio. Então, estamos numa situação de esquizofrenia, pela multiplicação incoerente dos fragmentos da imagem.

Portanto, será preciso pensar, mais cedo ou mais tarde, que não se trata apenas de despedaçar ainda mais a imagem criando disciplinas suplementares, sem dúvida indispensáveis, de maneira que não conseguiremos chegar a outro plano do pensamento, a outro plano do saber e a outro nível do ser. Em outras palavras, devemos almejar um *conjunto unificado do ser e do saber*, que possa juntar o que está separado e possa simultaneamente conjugar e casar o espírito, o conhecimento, a intuição, a emoção, inclusive o inconsciente profundo que é o espaço de nosso imaginário, de nossos sonhos reais e de nossa essência supra-humana.

Michel Random: Perfeitamente. Duas palavras chave parecem incluídas no que você disse: espaço e harmonia. Um físico diria que o espaço-tempo permanece irredutível, não mensurável, na física quântica. Podemos compreendê-lo segundo vários níveis de realidade, aparentes, subjetivos, 'não-separáveis', dobrados ou desdobrados; o fato é que ele é campo vibratório, uma realidade que se desdobra como um ponto, a vibração desse ponto criando de novo uma nova realidade contendo um ponto irredutível, a abertura desse ponto, por sua vez, criando de novo uma vibração e assim por diante, da criação até o fim do mundo. Essa imagem pertence a René Daumal, que a realizou em visão e praticamente em estado de coma. Ele descreveu essa 'visão' em *Une Expérience Fondamentale.* Essa imagem da unidade velada e desvendada pertence à maioria das tradições e particularmente ao sufismo. Assim, entre 'o aparente e o oculto' o real é um ritmo, uma harmonia muito bela, ao mesmo tempo *inspiração* e *expiração,* que chamamos de 'sopro' ou *pneuma,* pulsação da energia cósmica invisível, que David Bohm também revela naquilo que ele chama de universo implícito e explícito ou ainda de universo 'dobrado e desdobrado'.

Criação incessante, onde tudo é contínuo porvir, isto é, movimento e harmonia. Harmonia é uma palavra chave. Ela está, como você sabe, na origem do pensamento japonês ou oriental. Os orientais não concebem um mundo dualista, separado. Sua visão é naturalmente holística. Há milênios a visão da unidade lhes é consubstancial. Aliás, uma realidade dual é para eles inconcebível, é um absurdo.

Em nosso nível, o de nossas disciplinas, esquecemos que não podemos nos contentar em sermos apenas cientistas ou filósofos. Para que serve o saber se ele não for uma experiência do ser? O que podemos fazer ou aprender se não fizermos a reintegração do que há de mais sutil no real? As artes, a poesia, a música, bem como o conhecimento das grandes sabedorias, também estão aí para dar um *'ser'* à ciência, para acrescentar à objetividade aparente o sentido de um real misterioso, indefinível, o da alma, do espírito, da emoção, da consciência, da beleza. Aspectos esses que não são menos reais e ilimitados do que a própria ciência e que também são fontes de outras ciências e de outras sabedorias que muitas vezes nos são desconhecidas.

O artista em você encarna a integração do caminho. Ele mostra e ilustra o caminho do conhecimento. Por isso, a via científica pode combinar com a via poética, a da arte com a via mística etc. Todos essas vias formam juntas o que poderíamos chamar de árvore do caminho da essência e da substância.

Sua vida e sua obra parecem responder a essa visão, a essa busca da unidade, a essa *conjunctio* do visível e do invisível.

Lima de Freitas: Sim, a arte é o Tao, o caminho que leva para além do que somos. O essencial é a mudança qualitativa de nível. A palavra arte contém as outras artes em geral, principalmente a pintura. Podemos começar a escutar uma sinfonia no segundo movimento ou no meio do segundo movimento e prontamente percebemos a beleza, a linguagem da música. Cada trecho pode ser ouvido separadamente, ao passo que na pintura não podemos separar nada, a pintura é um todo. Se retirarmos um fragmento ou uma cor, a destruímos. É o fim. A pintura é justamente a imagem de um mundo coerente, que não deve ser esquizofrênico como é a maioria das imagens do mundo atualmente. Em vez de quebrar a imagem do mundo em outros fragmentos seria necessário, ao contrário, pegar o fragmento que existe e fazer um todo do que resta.

Michel Random: Sim, imagino o jovem adolescente, depois o adulto, o homem maduro em que você se transformou. Desde a sua infância havia em você esta exigência: pintar, e esta pergunta: por que pintar, de que serve a pintura? Havia o desejo inato de pintar, mas também alguma coisa mais, uma consciência do 'por que', pois havia em você a procura de uma chave, de uma globalidade, um desejo de ultrapassar as modas para uma representação do sentido e do símbolo no próprio seio da imagem.

Lima de Freitas: Isso eu descobri pouco a pouco ao longo da vida, através dos obstáculos, dos sofrimentos e, sobretudo, dos erros; mas também através dos pensamentos, das imaginações, dos sonhos, das descobertas. Comecei a desenhar muito cedo, não sei porquê. Felizmente, meus pais nunca disseram: "É um gênio, é uma criança genial". Compreendi isso bem mais tarde e ainda lhes sou grato.

Michel Random: E você nunca se considerou genial?

Lima de Freitas: Oh, nunca! Eu não era de modo algum uma criança genial que faz coisas prodigiosas. Fazia os desenhos de minha idade, talvez um pouco mais coerentes e bem feitos que os desenhos das outras crianças, mas meus pais não lhes davam uma atenção particular. Tinha um prazer louco de desenhar, passava horas desenhando, achava natural poder desenhar qualquer coisa com certa facilidade, mas só mais tarde tomei consciência de meus talentos. Gostava também de tocar violino e me aplicava a isso com o mesmo entusiasmo. Cheguei a ser violinista numa orquestra sinfônica!

Mais tarde, quando cheguei à idade dos estudos superiores, questionei-me sobre a arte do desenho e da pintura como linguagem capaz de exprimir coisas que não podem ser expressas de outra maneira. Uma arte capaz de metáforas visuais e de uma comunicação direta, específica, alcançando simultaneamente o que é mais claro e mais visível e o que constitui nosso fundo mental, emocional e intuitivo, uma certa forma muito precisa e muito sutil de sensibilidade.

Embora muito intelectual, o jogo das formas e das linhas não deixa de ser desprovido de emoções, longe disso. Se a cor se manifesta, se é 'atraída para o jogo', o dos impulsos vindos das profundezas da alma, das lembranças, dos fantasmas, das intimidades, das intuições, dos arquétipos emergindo de um segundo plano, das imagens vindas dos sonhos. Os meus sonhos me inspiram muito. Há mais de trinta anos tornei-me colecionador de meus próprios sonhos. Eles inspiraram grande número de minhas obras e isso continua.

Michel Random: Há ciclos, grandes momentos de vida, sonhos importantes que de maneira rítmica manifestam períodos que correspondam a suas pinturas?

Lima de Freitas: Sim, sem dúvida. Nos anos em que fazia Belas Artes, por volta dos 18-20 anos e por mais ou menos dez anos fui sobretudo um pintor 'neo-realista' como se dizia então. (Na França se chamaria de 'realismo socialista'.) Eu defendia uma pintura de intervenção social, de combate, de engajamento... Era uma tremenda ingenuidade, que correspondia exatamente às correntes do após guerra. O nazismo tinha sido vencido mas, em Portugal, Salazar continuava no poder. Esse período de meu trabalho, sob a influência das pinturas negras de Goya, dirigiu-se para um expressionismo frequentemente muito violento, extremado e pessimista.

Em 1945, visitei os países socialistas, em particular a Polônia. Compreendi de pronto o que já tinha desconfiado: o universo socialista mostrou-se falso até as raízes: totalitário, mentiroso, aterrorizante e burro, mais ainda que o tão desprezado mundo capitalista. Isso significou para mim uma crise profunda, o desmoronamento de muitas ilusões, o fim do ideologismo. Minha pintura refletiu um questionamento muito profundo. Por dez anos tinha manifestado um certo expressionismo, acrescentando à imagem um 'algo a mais' de significados, às vezes muito literários, no sentido pejorativo do termo. Isso significava forçar a imagem, fazer com que ela exprimisse emoções, gritos de combate e de morte, críticas apaixonadas. Às vezes levei longe demais esse sentido 'literário' e abusivo das imagens pictóricas.

Em si mesma a imagem exprime muito mais do que se pensa, sem forçá-la a significar. Não se deve forçá-la. As imagens nascem em nós mesmos, ricas de sentidos se soubermos vê-las, se soubermos captá-las e aceitá-las. Por exemplo, uma imagem ou uma visão proveniente do sonho traz em si um insondável acréscimo de sentido, ela não tem necessidade de 'muletas ideológicas', nem de mensagens ou conteúdos extremados.

Foi então que começou um novo período feito de interrogações, de dúvidas, de controvérsias interiores, de ajustes, de críticas, de meditações, que questionavam todo meu trabalho anterior. Minha vida é feita de inúmeras crises e de revoluções interiores e exteriores. Um dia pus-me a escutar meus sonhos, o que percebia essencial em mim mesmo, desse 'outro que não era eu'.

Michel Random: Que idade você tinha?

Lima de Freitas: Estava na casa dos trinta: *"il mezzo camino della vita..."*

Michel Random: Já era uma certa vida, um pedaço de vida.

Lima de Freitas: Sim, um certo pedaço de vida. Meu primeiro período pictórico cobre os anos da escola de Belas Artes de Lisboa e os anos seguintes: de 47 a 56/57, quase uma dezena de anos. A virada ocorreu na Polônia, uma virada ao mesmo tempo humana, política e filosófica de minha vida. Vi o socialismo em ação. Eu o compreendi e o cortei de uma só vez, ao preço de uma imensa angústia. Os sonhos que tive então literalmente me 'salvaram'.

Michel Random: De certo modo, você passou do realismo ao sonho. E depois do sonho imagino que veio o período simbólico?

Lima de Freitas: Sim, o sonho levou-me ao símbolo. Interessei-me pela psicanálise, primeiro Freud, depois Jung. A descoberta da psicanálise junguiana foi capital. Jung falava da arte, dos impulsos vindos do inconsciente profundo, dos arquétipos do Belo e do Divino. Pela primeira vez, fornecia chaves capazes de abrir a compreensão da arte, da arte enquanto manifestação do sagrado nas profundezas da alma. Ele liberava a criação artística do asilo psiquiátrico. A arte ligada não às obsessões mórbidas, mas ao transpessoal, ao ir além de si mesmo.

Michel Random: E o que se tornaram os arquétipos?

Lima de Freitas: Meus sonhos levaram-me nessa direção. Quando você interroga os sonhos, eles lhe respondem em sonhos. Eu me fazia perguntas e recebia mensagens misteriosas que sugeriam respostas, soluções inesperadas, as quais, por sua vez, despertavam outras perguntas.

Michel Random: E tudo isso teve uma grande influência em sua pintura?

Lima de Freitas: Enorme! A partir daí, o diálogo com o que chamamos de inconsciente (precisaríamos definir essa palavra ou encontrar outra) tornou-se capital. Quanto mais avançava, mais sentia o Real a ser descoberto, superfícies de realidade visionária que tinham ficado desapercebidas até então.

Michel Random: É o que se chama de júbilo interior, aquela imensa alegria?

Lima de Freitas: Sim, uma alegria, às vezes uma espécie de embriaguez, que ao mesmo tempo leva à meditação, a uma reflexão sobre si mesmo, sobre quem somos, sobre o que é a realidade, sobre o significado de tudo isso. Será que isso tem um sentido? Falo de sentido em sua acepção mais profunda.

Michel Random: Chegamos ao período das *Paisagens visionárias,* um período mais despojado no qual a parte dos sonhos, a parte simbólica, exprime uma visão nova, mais aérea, mais leve e também mais visionária.

Lima de Freitas: Durante grande parte de minha vida fui obcecado pela figura humana que sempre voltava às minhas telas e aos meus desenhos. A partir de certo momento, bem cedo, a figura humana integrou-se numa paisagem, à qual eu dava uma atenção maior. Atrás da figura, a paisagem. Finalmente, foi o que aconteceu na história da pintura européia, na qual, a partir de certo ponto, a figura tende a perder sua importância, enquanto a paisagem ganha uma importância considerável. Porém, em minhas paisagens visionárias, os homens e as mulheres estão incorporados, seja como pessoas, seja como anjos. Às vezes estes últimos estão difusos, mas continuam presentes na paisagem. Há nisso uma espécie de complementaridade muito significativa. A partir de certo momento, diria que a partir da revolução portuguesa de 1974, chamada 'dos cravos', a paisagem começou a me interessar cada vez mais. Eu visitava em sonhos regiões extraordinárias, montanhas vivas, universos suspensos no espaço. Foi então que comecei a exprimir com precisão o que eu 'via'.

O imaginário que modifica o futuro, o 'intervalo' que modifica o presente

entrevista com
Gilbert DURAND

Michel Random: O conjunto das 'disciplinas', humanistas ou científicas, já tinham um aspecto transdisciplinar desde o século XIII ou XIV: Pico de la Mirandola, Marcilho Ficino, os humanistas do Renascimento, eram naturalmente transdisciplinares. Eles estavam impregnados de cultura grega e romana. O Renascimento dava novas perspectivas ao conhecimento. No entanto, muitas vezes ignoramos que a Igreja aprisionou os 400 humanistas, membros da Academia Romana, e torturou-os antes de matar a todos. Assim, as vozes humanistas que já desejavam a separação da Igreja e do Estado, extinguiram-se na morte. O contrapeso necessário da inteligência, face aos dogmatismos, não importa quais fossem, desaparecia. Diderot e d'Alembert, ao criar a sua *Enciclopédia* dos conhecimentos no século XVIII, nada mais tinham a temer das fulminações da Igreja. Não mais que Descartes ou Poincaré no século XIX.

Todavia, instaurou-se então outro dogmatismo, o do cientificismo, baseado na idéia de que dali para a frente o homem poderia tornar-se mestre de todo o conhecimento, pois iria inevitavelmente encontrar a pedra fundamental que permitiria a compreensão do universo e tornar-se definitivamente seu senhor. Era a utopia do dogmatismo da Lógica e da medida científica, era também a porta aberta à explosão das tecnologias, estas sendo compreendidas como o domínio definitivo do homem sobre o universo material e espiritual, o dogmatismo da Lógica respondendo ao dogmatismo da Igreja.

Desde então, não saímos desse ponto. Na aurora do terceiro milênio, nada mudou, a não ser a nova explosão das tecnologias nascidas da informática. O sentido original do ser, o que constitui sua essência profunda e sua união consubstancial com o mundo natural e cósmico ainda é totalmente ignorado. Pico de la Mirandola e Marcilho Ficino que, com seus colegas da Academia, expressavam o retorno a uma visão global do homem e do cosmo, continuavam morrendo.

Os jovens, hoje, têm a herança que lhes deixamos, a de um mundo que se acelera, fenômeno que conhecemos tão bem, o da inserção numa sociedade que fica cada vez mais tecnológica e difícil. Como podem as grandes mentes hoje ajudar os jovens a compreender e a se inserir no mundo moderno?

Gilbert Durand: Você sabe que, por profissão, durante toda a minha vida lidei com os jovens... Meus colegas, outrora, diziam: "Nós professores, nunca envelheceremos, pois temos de lidar sempre com a juventude". Ela foi a caixa de ressonância de muitas inquietudes e angústias. Não vou lhes falar da revolução de 68; é grotesco chamar esse famoso mês de revolução, mas, mesmo assim, houve fenômenos que mostraram um mal estar na sociedade, ou um mal estar na situação. Para falar como o outro, a juventude sem dúvida repercutiu-os com mais intensidade. Então... isso se manifesta de diferentes maneiras, vai da droga ao anarquismo político-social, passando pelos derivativos como o esporte.

Procurou-se um novo ponto de centramento para o indivíduo e para a tribo, falando como Maffesoli, pois como nossas sociedades não ofereciam nem programas para o indivíduo, nem programas para a tribo, houve uma rejeição muito grande do político. Não foi porque, na França, por exemplo, mais de um milhão de jovens responderam a um questionário ditado pelo poder político que isso mostre um interesse. Sejamos francos: há 40 anos o poder desinteressou-se por qualquer 'educação cívica'.

Michel Random: É a crise das cabeças muito cheias em relação às cabeças feitas. O acúmulo do saber foi típico de nossa cultura até agora, enquanto os tempos modernos pedem uma adaptação do saber e mesmo uma assimilação interior e meditativa do saber que, nesse caso, é uma relação do saber com o ser.

E é todo o drama do saber moderno ligado ao acúmulo de informações e a uma ocultação do ser. É simbolicamente a escolha dominante das matemáticas, aparentemente objetivas, em lugar dos textos que revelam a personalidade profunda e o imaginário. Implicitamente, a personalidade profunda é negada, o indivíduo só existe se for uma caixa de saber, uma caixa mental prolongada hoje pelo acúmulo dos dados via computador. No entanto, o encaixotamento dos seres prenuncia o desmoronamento social e econômico. Tocamos em pontos sensíveis, válidos para todas as nossas instituições, inclusive as grandes escolas que formam nossos mandarins políticos e econômicos.

Gilbert Durand: Sim, mas então o problema a que você faz alusão nos parece muito crucial porque, de um lado, nunca tivemos tantas informações. Ora, segundo

Brillouin, por exemplo, e ele tem razão, a informação é *negoentrópica*. A informação não se deteriora, pelo contrário, ela pode se acumular. Porém, em contrapartida, ela desintegra as estruturas institucionais, portanto, o que se ganha em *negoentropia* em não deteriorização de um lado, se perde, de outro, pela própria entropia das estruturas sociais, políticas, religiosas. E essa desintegração tem como resultado perverter a própria informação.

Nosso fenômeno de sociedade está aí. Você falava de cabeças muito cheias, uma informação plena demais, pletórica demais, permanente demais e, por fim, as cabeças já não conseguem assimilar. E mais ainda: o homem não passa de uma cabeça... E a própria cabeça funciona em dois hemisférios bem diferentes!

Michel Random: Aí está o verdadeiro problema. Precisamos repensar não apenas a cultura, o ensino, mas o conjunto das estruturas de nossa sociedade. E por quê?

Um entre cada cinco estudantes tem, hoje, esperança de encontrar um trabalho. Chegamos ao cúmulo do absurdo: a Universidade e as Grandes Escolas já não preparam os indivíduos para se inserirem na vida mas para se tornarem, na sua maior parte, desempregados. As bastilhas da Educação continuam a formar espíritos rígidos que terão poucas chances de se integrar na nova sociedade, enquanto o ensino deveria exprimir em todas as suas partes uma grande confiabilidade, uma grande adaptabilidade: aprender a aprender, ao invés de acumular saber. No entanto, eles herdam gerações de professores que deveriam eles próprios ser reciclados, o que no momento é impossível.

Você é Gilbert Durand, o homem do imaginário. Ora, penso que a função do imaginário seja importante neste contexto, imaginário significando abertura, criatividade, valores fundamentais que não são forçosamente os da atualidade.

Gilbert Durand: Sem dúvida, esse é o problema. Eu dizia esta manhã, em minha palestra, que o imaginário não era uma disciplina, uma vez que é no mínimo interdisciplinar. Nunca chegamos a codificá-lo, a colocá-lo numa caixa. Do ponto de vista pedagógico, podemos encontrá-lo em todas as escalas do saber, da escala artística à escala científica etc... E o que falta é uma pedagogia do imaginário que, infelizmente, fica cada vez mais difícil de encontrar. Bruno Duborgel, meu velho amigo e aluno, escreveu um livro inteiro sobre isso.

Não se deve falar do ensino das Belas Artes em nossas escolas, pois ele é desprezível, mais ou menos 1% do que a lei destina às obras públicas. Portanto, há uma pedagogia do imaginário que deve ser implementada em cada orientação setorial. Não se trata de ensinar, *ex cathedra,* o imaginário. Aliás, tal *ex cathedra* não existe, é preciso ensiná-lo nos diferentes níveis, até no nível epistemológico. Vemos como, em nossos dias, na descoberta científica, no progresso científico, os imaginários de base são indispensáveis e diferentes: foi o que Gérard Holton mostrou muito bem analisando os imaginários de Einstein e de Niels Bohr.

Michel Random: Sim, essa função do imaginário já é vista, por exemplo, nas empresas que colocam questões a respeito de si mesmas. Na maior parte das vezes, são empresas que fazem comércio com o Oriente. Elas se dão conta que nossa mentalidade cultural, nossos modos de representação tipicamente ocidentais são deficientes, quando não um fosso em nossas relações com o Oriente. Não podemos fazer comércio com os orientais sem compreender sua maneira de pensar, sem conceber ao menos seu imaginário.

Os tempos modernos nos fizeram passar da cultura da aldeia à cultura nacional e agora européia e depois mundial. Contudo, no tempo da cultura planetária continuamos, na França, a fazer a cultura de paróquia. Na hora do pensamento holístico, distribuímos cultura em pílulas, praticamos o encaixotamento dos cérebros, quando seria preciso abri-los, dar-lhes asas.

Gilbert Durand: Sim, são os hiatos entre as culturas. No entanto, há uma verdade que me parece fundamental, a de que nossa civilização técnica, do Ocidente, América e Europa, nasceu no prolongamento de nossas culturas. Foram nossas culturas, a escolástica medieval, depois o cartesianismo, os jesuítas, os oratorianos, que foram os tutores dos nossos avanços tecnológicos e teóricos. Nas outras civilizações, que você conhece bem – Japão, China, Índia etc – as tecnologias e o que é chamado de *a civilização* na Alemanha (como faz Spengler em contraposição à *Kultur* que é puramente espiritual), as tecnologias são empréstimos. Os japoneses emprestam. O Ocidente tem que compreender que o japonês permanece japonês, com todas as suas estruturas mentais e linguísticas. Não esqueçamos que o grupo sinotibetano ou uralo-altaico, todos esses grupos linguísticos estrangeiros ao nosso grupo europeu, têm maneiras diferentes de produzir o imaginário, mesmo se tomarmos apenas o campo literário. O japonês pode muito bem nos colocar tecnologicamente em xeque-mate com seu instrumental emprestado, mas isso em nada afeta sua personalidade japonesa.

Discuti, outrora, com meu amigo e colega Jean

Stözel que tinha escrito um pequeno livro em resposta a outro, *Jeunesse sans Chrysanthèmes ni Sabres*. Disse-lhe: mas é um erro completo pois o Japão sempre tem seus crisântemos e seu sabre! Você conhece bem o problema, você que escreveu sobre as artes marciais: o Japão tem isso, e também a ikebana, o zazen, e isso não o impede de ter tecnologias de ponta. Fui recebido pelo presidente de uma grande empresa japonesa, há uns vinte anos; ele estava em seu escritório super ocidentalizado, com todos os aparelhos informáticos existentes na época em volta dele e também os aparelhos de comunicação, enquanto em casa, na privacidade, vivia como um homem do século XV. Do ponto de vista do costume, do ponto de vista dos hábitos, do ponto de vista da alimentação, ele mudava radicalmente quando passava do papel público ao particular. Do ponto de vista do conforto, a casa japonesa pode parecer muito desconfortável, ainda mais que é uma casa com correntes de ar num país de clima frio e úmido. O japonês pode fazer isso. Nós, infelizmente, já não podemos. Nossa cultura é um passado em nossas casas, este é o drama. Daí vem muitos dos sobressaltos 'pós modernos' e desesperados em nossa modernidade!

Michel Random: Por ocasião do Colóquio de Veneza, na famosa *Declaração de Veneza* que apresentou as suas conclusões, dissemos que Ciência e Tradição podiam coabitar numa nova e reveladora troca de uma para outra. Depois, os aspectos científicos da transdisciplinaridade desenvolveram-se bastante, mas as pesquisas e debates sobre as tradições ficaram, salvo raras exceções, letra morta. Tenho a impressão que chegou a hora de dizer que existe uma vitalidade nas tradições, que existe, antes mesmo do saber científico, o conhecimento interior, e que talvez fosse preciso debruçar-se mais ativamente sobre o conhecimento das tradições, tanto para enriquecer nosso ser e nosso imaginário como para equilibrar os excessos da ciência.

Gilbert Durand: Sim, mas aí voltamos ao problema que coloquei há pouco, nossos magistérios tradicionais faliram ou melhor suicidaram-se. Não faço alusão a nenhum magistério em particular, mas podemos pensar em muitos. O *aggiornamento* forçado, que data do século XIX, com a anuência da tradição, que se alinhou com a ciência do momento, foi um suicídio para aquela, pois com isso foi esvaziada de sua substância: deixou de ser tradição, uma transmissão de um passado que deveria permanecer sempre viva.

Enquanto conosco as Igrejas, por exemplo – não particularizo uma em detrimento de outra – tornaram-se simples patronatos moralizadores ou sucursais de uma certa secularidade social sem nenhum de seus meios, nem de seus equipamentos, e tornaram-se irrisórias. Se folheio jornais publicados por diferentes Igrejas nossas, o que é que vejo? Vejo jornais que poderiam ser sindicais, que poderiam ser de informação geral, pois neles a tradição religiosa ocupa um lugar muito pequeno. Numa certa época, eu recebia um pequeno boletim muito comovente dos muçulmanos da França, no qual, ao contrário, era possível encontrar, nesse jornal modesto, com quatro ou seis páginas, comentários do Corão, coisas desta ordem, quer dizer, um contato com a tradição... E o Islã não está perdendo velocidade!

Agora, esbravejamos porque o integrismo muçulmano apareceu. É verdade, existe um, mas que é justamente uma reação contra os diferentes *aggiornamenti* possíveis, uma reação para não perder a fonte. Não digo que não haja excessos, fanáticos, isso é outra coisa, mas de qualquer forma há uma reação sadia para salvaguardar uma tradição apesar da recuperação, não ouso dizer colonialista, mas a recuperação da expansão da civilização ocidental... Nas culturas com tradições fortes, o pós-moderno sempre encontra uma esperança.

Michel Random: Estou muito feliz ouvindo você falar, porque temos necessidade de raízes e não estaremos gerando bem os jovens se não lhes dermos raízes tradicionais, todos temos necessidade de um pai e de uma mãe.

Gilbert Durand: Mais e mais peço pela família! Muitos jovens desamparados matam o pai e achariam ofensivo depender de mestres.

Michel Random: Mas também temos necessidade de ter raízes culturais, não podemos ser um Senhor Ninguém porque o mundo vai ter o mesmo esquema cultural e ideológico em todo planeta.

Há, sem dúvida, um retorno ao regional, uma redescoberta da singularidade local e das tradições regionais, o que é também uma maneira de encontrar suas raízes, isto é, sua identidade.

Um dos grandes princípios desta mutação é encontrar o que somos, isto é, nosso princípio de identidade, particularmente os jovens que não tiveram, como nós, que sofrer o choque do desenvolvimento tecnológico, pois apenas o integraram. Eles nasceram com ele e por isso não precisam gastar energia nisso. Ao contrário, sua energia será dirigida para tentar repensar o mundo, repensar em qual mundo eles vão poder viver. Eu gostaria de ver você, como pai e avó, falar, por exemplo, a um desses jovens de quinze anos. O que você lhe diria?

Gilbert Durand: Diria, primeiro, que saneasse seu horizonte, que está confuso devido à lavagem cerebral que lhe é impingida. Você diz 'cabeça muito cheia': tudo, em nossa acelerada cultura jornalística é lavagem cerebral. Há uma enorme sobrecarga tanto para os jovens estudantes como para os adultos em nossas sociedades. É preciso, portanto, tomar uma certa distância. Gilo Dorflès escreveu um pequeno livro sobre o intervalo perdido, que editei na época na editora Berg. Perdemos nossas férias, nossos intervalos, mas no Japão eles não perderam!

Sempre fico estupefato quando vou ao Japão e vejo um executivo de uma grande empresa fazendo seu motorista parar na frente de um eremitério, entrar, tirar os sapatos, andar em cima do tatame, ir para o terraço, ficar em posição de meditação e ficar lá um quarto de hora ou mais: ele encontra um intervalo. A vida é trepidante em Tóquio como em toda megalópolis, mas ele acha um intervalo que justamente lhe permite suportá-la. Nós já não temos isso. Não podemos nem mesmo nos recolher na Notre Dame de Paris, pois é invadida por turistas..., principalmente japoneses, a qualquer hora do dia!

Michel Random: Mas, então, a esse jovem de quinze anos, retomando minha pergunta, você diria: "tudo bem, saia de você mesmo", suponho, interpreto por você. A informação é uma coisa boa, mas quem diz informação excessiva, diz perturbação, portanto a informação também pode levá-lo a uma espécie de labirinto, a um excesso de informações. Também nisso seria preciso se preparar para correções, ou então para uma reformulação completa do ensino. Tudo isso sendo muito transdisciplinar em sua finalidade. Em seguida, poderíamos tratar de assuntos do gênero: "como me preparar para a vida" e "quais são meus trunfos interiores para vencer". Não podemos encarar um combate social, nem um combate cultural, se não existir antes de tudo um combate consigo mesmo.

Gilbert Durand: Para mim que sou pedagogo de formação e ensinei durante uns quarenta anos, a primeira coisa que eu faria, desde o nível da escola primária, mas principalmente no nível secundário, seria esclarecer a situação e eliminar uma parte das matérias que são ensinadas, uma parte importante. Vejo a maneira pletórica como são feitos os programas. Ela é enlouquecedora. E mesmo nos primeiros anos do ensino superior, vi, por exemplo, as aulas das seções de psicologia passarem de doze para quinze horas e depois para vinte e sete! É loucura, é uma 'nobre' lavagem cerebral, se é que se pode dizer isso, mas mesmo assim é uma lavagem cerebral. É preciso antes dar o tempo, o intervalo, o tempo de respirar e o tempo justamente para apreciar, para assimilar o que é apresentado. Nossos jovens morrem de uma indigestão endêmica, agravada pela indigestão da mídia.

Em segundo lugar, é preciso também que os jovens, as crianças (sou pai e também avô), possam ter outras atividades além das atividades puramente cerebrais. Eles precisam ter atividades anexas, não necessariamente esportivas, mais ou menos ecológicas, isto é, precisam penetrar num domínio diferente daquele da civilização: na natureza, esportes ao ar livre, coisas assim.

Em terceiro lugar, é preciso realmente fazê-los aprender uma sensibilidade imaginária, indo do imaginário pictórico e literário até o imaginário musical. Que eles saiam do matraquear que a mídia lhes fornece. Vejo de que maneira perversa age a comercialização da música, do disco. Um cantor é fabricado em oito dias, um cantor que devora um microfone, que gargareja com um microfone, e que geralmente é descartado depois de alguns meses.

Michel Random: No entanto, há mais coisas. Você sabe que atualmente muitos cientistas estão pesquisando as consequências dos famosos *walkman*, com os quais escuta-se música permanentemente e que criam uma verdadeira confusão neuronal.

Gilbert Durand: Nossa civilização trocou a música pelos decibéis, como trocou o desenho, a pintura e a gravura pelas pichações e os grafites, como trocou as nuanças da leitura ou mesmo do cinema pelas brutalidades audiovisuais. E diante destas perversões tão lucrativas, os magistérios tradicionais pediram demissão, uma vez mais os clérigos traíram.

Michel Random: Há também a questão do número dos decibéis. Acima de 95 decibéis, se não me engano, você fica surdo. Na Inglaterra, parece que há três milhões de jovens que estão praticamente surdos ou já não escutam os sons. Esse símbolo da surdez sonora é corolário da surdez do espírito. A escuta interior talvez esteja definitivamente perdida. É assim que será possível formar gerações de seres dóceis e facilmente robotizáveis. O fechamento ao mundo e a si mesmo, provocado de certo modo artificialmente por essa espécie de droga que é o volume sonoro, talvez não seja inocente.

A tecnologia a serviço do lucro cria um dano colossal e irreparável que não é absolutamente levado em conta por autoridade alguma. Há uma certa fiscalização sobre os produtos alimentícios, não há nenhuma para os 'produtos' que dizem respeito ao cérebro. Gerações de jovens serão suas vítimas antes que se tome consciência desses perigos. Não há apenas os malefícios da droga. Os da tecnologia são mais sutis, mais indiretos, têm consequências ainda mais fortes. Simplesmente assistimos sob diferentes formas à alienação coletiva das massas pelas tecnologias, alienação que gera imensos lucros financeiros sempre prefigurando uma robotização das consciências.

Gilbert Durand: Sim, estou inteiramente de acordo: quando se denuncia a droga, pensa-se nos drogados farmaco-lógicos e apenas neles. O barulho, como você acabou de dizer, é uma droga; o barulho contínuo ou a informação maciça são drogas. Conforme Dorfles, precisamos recuperar um intervalo perdido, um certo distanciamento, precisamos dar às pessoas e aos jovens em particular espaços de *farniente* onde tudo é relaxamento. Já não temos estas técnicas. O Oriente ainda as tem, é claro! Japão, China, Coréia, Taiwan terão a supremacia sobre nós porque podem se dar ao luxo de captar nossa herança tecnológica conservando, ao mesmo tempo, a 'força da alma' que sua cultura tradicional lhes dá.

O que pode acontecer é sermos totalmente autointoxicados por nossa civilização tecnológica, sem com isso produzirmos mais e, principalmente, produzirmos mais empregos. Estamos diante de um problema de restrição do emprego, por causa da própria automação de nossos meios de produção, mas não colocaremos de novo os pés no chão justamente porque os magistérios tradicionais renunciaram, enquanto foram feitos para transferir a cultura na civilização.

Pensou-se numa tecnologia, o que se precisa introduzir agora é uma ausência de tecnologia. Precisamos reintroduzir, sem procurar grandes palavras no campo da espiritualidade que é válido, um espaço e um tempo do animal humano, para que ele não sucumba sob seus produtos, sob seus métodos de produção. Não existe máquina para fabricar a felicidade, a felicidade se fabrica sozinha!

Outro dia uma mãe de família, uma antiga estudante que tem sete filhos, me dizia: é preciso entusiasmo. Você sabe que uma família se faz sozinha! Precisamos deixar as almas crescerem, alimentá-las bem e não obrigá-las a crescer nessa ou naquela direção. Ora, os jovens têm necessidade disso espontaneamente, então, se não o recebem, vão procurá-lo na exasperação do barulho e da mediatização, acreditando que estão fazendo o melhor. Alguns deles vão buscar isso nas drogas clássicas, mas outros, num cem números de substitutos da droga. Na França, o tabagismo é um problema entre os jovens, embora agora seja menos. Vão procurar em seitas diversas, onde há o melhor e o pior. Você sabe, ouvimos falar muito de uma seita na Suíça porque houve um fato violento, mas há várias seitas sem nenhuma espiritualidade verdadeira, mas que às vezes servem de refúgio para alguns. Há centenas de micro-procedimentos que tentam escapar ao maquinário e à maquinação ambiente; são pequenos truques, pequenas receitas. Tomemos a cozinha, por exemplo. A América está a ponto de submergir o mundo, incluindo Moscou e Pequim, com Mac Donalds. Não sou sistematicamente contra. Quando queremos nos alimentar rapidamente, comemos Mac Donalds. No entanto, há, em cada país, toda uma tradição culinária, uma tradição dos pratos, das bebidas, que precisa ser respeitada, porque isso integra, porque comer é estar junto. É um 'estar junto' que estamos a ponto de perder.

Michel Random: Se pudéssemos concluir com uma boa definição de transdisciplinaridade, diríamos que este 'estar junto' poderia conjugar-se em todos os níveis da vida, do imaginário e da criação.

Gilbert Durand: Sim, em nosso Colóquio, você pôde notar tanto quanto eu eu, com um olhar um pouco sociológico, como a palavra 'ética' apareceu várias vezes. Temos necessidade de uma nova ética. A palavra amor, a palavra 'fraternidade' também apareceram várias vezes. É precisamente esta transdisciplinaridade que não conseguimos definir. Um dos nossos, o senhor Sylva, citava São João da Cruz: "um não sei o quê". A transdisciplinaridade é um não sei o quê. Não é menos verdadeiro que se desenhou uma necessidade de estar junto, uma necessidade de recriar a família. Os *hippies*, outrora, sonhavam com família. Temos necessidade de recriar uma família, uma tribo, dizia Michel Maffesoli. Há uma necessidade de 'estar junto', de estar junto para descansar no outro. É importante que o outro possa estar lá enquanto suporte, enquanto amigo, enquanto ouvidos, enquanto atenção.

Estas são coisas que nossas civilizações destruíram, especialmente através dos meios de comunicação. Precisamos desconfiar dos meios de comunicação. Eles não comunicam nada. Fazer dez telefonemas numa manhã não é se comunicar. Precisamos recriar uma comunicação de convivência, tradicional em nossas sociedades. Portanto, mais uma vez, se dar o tempo, se dar um 'intervalo' para comunicação. A rodovia, mesmo a da

Internet, não é apropriada à comunicação na espécie humana! Em primeiro lugar, é preciso ter alguma coisa para comunicar! O 'pequeno caminho' querido a Mireille era bem mais conveniente do que a rodovia. Estar realmente 'junto' não é nem tirar o fone do gancho, nem digitar num computador. Só uma "presença real", como diz George Steiner, define o estar junto. Quase tenho vergonha de lembrar as qualidades animais da presença: o olhar, os rituais de aproximação, as vozes, as cores, os perfumes, os *tempos* da palavra. Uma vez que sabemos o que é uma 'disciplina', a transdisciplinaridade só pode se desenvolver e desabrochar por essas transversalidades, por esses 'caminhos de passagem'!

Michel Random: Portanto, estar junto.

Gilbert Durand: Estar junto, é claro, é muito importante.

A terceira palavra

entrevista com Michel CAMUS

Michel Random: Michel Camus, você faz da fonte poética uma realidade de vida e de conhecimento. Há em você essa presença dos limites e essa presença do instante. É uma virtude búdica estar igualmente presente no perfume da flor e na aspereza do sulco. Essa presença em si mesmo parece-me a forma mais realizada de transdisciplinaridade.

Michel Camus: A Fonte é infinita, ela é inacessível, ela é inesgotável. Como homem dos limites, não podemos senão nos aproximar dela sem jamais atingi-la. Ela é o enigma do "Quem?" e o enigma do "O quê?", que são um único e mesmo enigma. Somos seres em devir, seres em transição, seres limitados e inacabados mas atravessados pelo infinito. Quando nos abrimos à presença do instante (átomo de eternidade, dizia Kierkegaard) tomamos consciência do não-tempo na fonte do tempo. A presença a si mesmo é uma espécie de salto quântico; é a presença do infinitamente outro em nós. Presença paradoxal: infinitamente próxima, infinitamente distante. Também é chamada presença do sagrado. É a presença em nós da transcendência imanente, no sentido em que a transcendência é imanente à própria consciência. Estes são nomes que fazem alusão ao Sem-Nome. Abrir-se a 'Isso' é aquilo que você chama de 'uma realidade de vida e conhecimento'. Esse real ou essa realidade última e unificadora que engloba a dupla transcendência do Sujeito e do Objeto, é o que resiste absolutamente aos nossos enfoques cognitivos. A transdisciplinaridade enxerga o vazio entre as disciplinas, não como um vazio estéril, mas como um vazio pleno e fértil. É nesse vazio que nascem as questões essenciais que atravessam e ultrapassam todas as disciplinas. Paradoxalmente, é o Sem-Fundo (o *Ungrund)* que incorpora a unidade do conhecimento.

Michel Random: Nesse caso, creio que precisaríamos ser indisciplinados e mesmo paradoxais para sermos transdisciplinares. A primeira virtude é recusar o adquirido. Nossas certezas são nossos piores inimigos, pois nos impedem de dominar a paisagem, de criar grandes convergências. A matéria é tão sutil quanto o pensamento, mas a idéia de 'matéria' nos dá segurança. Para integrar o *trans*, precisamos ser poetas. Para governar, combater, enfrentar as batalhas da vida, ainda precisamos ser poetas. A poesia e o combate do homem são a mesma coisa. Mas o Ocidente ama as categorias; é uma forma de reduzir a visão, de controlá-la, de castrá-la, suavizando todas as asperezas. Há uma espécie de perversão do pensamento ocidental que, implicitamente, quer que a questão não seja colocada, que o real sutil e o real não sejam nomeados. A virilidade e a coragem foram substituídas pela tecnologia, pela idéia cultural, por uma castração do sentido. Certo, a transdisciplinaridade apela para a arte, para a poesia, para a música e para as tradições; certo, ela parece muito sutil porque se refere essencialmente ao campo do qualitativo, mas se não formos transdisciplinares indisciplinados, logo estaremos nas caixas convencionais. *O sistema da complexi-*

dade terá substituído o sistema da causalidade, mas o sistema estará sempre ali. Se formos incapazes de violar a todo momento o espírito do sistema, quando aprenderemos a cantar?

Michel Camus: O espírito de sistema é um fechamento, uma maneira de se fechar dentro de uma prisão intelectual. Georges Bataille dizia que não podia gostar de um homem que não procurasse escapar da prisão da linguagem. Esquecemos frequentemente que a linguagem é uma grande Muralha da China. Se ela não estiver aberta para o que você chama de 'real de vida e de conhecimento', ela é alienante. O silêncio poético é um alto grau de silêncio; é ele que nos liberta das opacidades e dos pesos da linguagem. Não é um silêncio vazio, é um silêncio excessivamente pleno e até transbordante de sentido silencioso, um silêncio transcendental como aquele 'conhecimento silencioso' que o índio yaqui Don Juan Matus tentava ensinar, sem nada dizer, a Castanheda. O silêncio da linguagem é o caminho para o silêncio do coração.

Sem dúvida, a alta poesia como a de Juarroz, Adonis ou Jabès é transdisciplinar. Aliás, falei de meta-poesia a propósito de Jabès e de transpoesia a propósito de Juarroz. Mas a nudez da alma transdisciplinar é ainda mais radical. Colocando todas as disciplinas entre parênteses, ela está próxima da *épochè* de Husserl; ela está enraizada na vacuidade sem forma, lá onde germina sua linguagem criadora, como é o caso dos imprevisíveis *Théorèmes Poétiques* de Basarab Nicolescu. Essa busca é, ao mesmo tempo, de todos os tempos e radicalmente nova. Desde Galileu, há um divórcio entre as ciências humanas (como a arte, a música e a poesia), baseadas na subjetividade, e as ciências exatas, chamadas objetivas, porque elas tomam como objeto os fenômenos da natureza.

A trandisciplinaridade é essencialmente uma visão transcendental (e não natural ou ingênua, diria Husserl) no sentido em que ela reconhece no lado do Sujeito, como no lado do Objeto, o mesmo enigma absoluto. Qual é a questão da filosofia ocidental: é a da dialética Objeto-Sujeito. Descartes não conseguiu resolvê-la. Na formulação *ego cogito cogitatum*, ele identifica o *ego* com o *cogito*, ele os confunde. Husserl, mediante um processo de consciência da consciência do *cogito*, extrai a dupla transcendência do ego e do *cogitatum*. Se existe uma infinidade de níveis de percepção e de níveis de realidade, não podemos perder de vista que há, em nós, consciência absoluta da relatividade, dos níveis de percepção e dos níveis de realidade.

Michel Random: Os níveis de realidade são um conceito que decorre da física quântica no sentido que a partícula é tanto contínua como descontínua. Este conceito completa a relatividade, na qual o espaço-tempo muda em relação à velocidade e à posição do observador. Na física quântica, o tempo e o espaço são intercambiáveis: é o espaço-tempo ao mesmo tempo homogêneo e deixando de existir num terceiro nível como no *bootstrap topológico*. Tudo isso se assemelha ao ponto que se transforma em espiral. Tudo é dito ou parece ser dito na espiral, que no entanto escapa muito depressa da nossa observação. Do mesmo modo, estamos de acordo quanto ao fato de que nossa relatividade de observador nos impede de conhecer a coisa observada; mas ao mesmo tempo queremos nos assegurar. De fato, a realidade é inapreensível, mas mesmo assim há muitos segmentos e sub-segmentos na espiral. Assim são criadas as disciplinas e as tecnologias. De repente, nos demos conta de que essa fragmentação é ingovernável, sentimos necessidade de encontrar o ponto central, a forma original da espiral. Assim aparece a transdisciplinaridade. Impalpável, invisível, indefinível, a realidade do ponto central (que supõe uma visão holística) é apenas debilmente evocada. A transdisciplinaridade coloca o ponto e levanta vôo sobre a curva. Sem dúvida, essa curva, ainda que seja exponencialmente impalpável, em certa medida dá segurança. A realidade continua aproximativa, mas transcendendo as aproximações tem-se a sensação de criar uma nova realidade.

No final das contas, este século venera a medida. Sair das medidas dá vertigens. Até o sutil deve ser quantificado. Desse modo, podemos discorrer sobre o pensamento, sobre a consciência, sobre os valores fundamentais do ser sem ter necessidade de praticá-los. Nesse sentido, a transdisciplinaridade é uma ambiguidade entre ciência e metafísica; ela é um poderoso instrumento de trabalho e de reflexão, em suma, uma boa ferramenta, mas dizer que se trata de uma revolução?

Michel Camus: A revolução é um movimento periódico em torno de um eixo ou de um ponto central; não é a flecha da evolução. Desde o Renascimento, a ciência e a filosofia sofreram um rompimento entre o objeto e o sujeito. Sua separação provocou o dualismo. A questão radicalmente nova hoje é encarnar numa alma e num corpo seu ponto de unificação. Qual é esse ponto de unificação? André Breton o evocou numa frase célebre. Na visão transdisciplinar, é o "terceiro secretamente incluído" em toda oposição binária, ou, como diria Basarab Nicolescu, nos contraditórios mutuamente exclusivos. Precisamos reintroduzir a enigma do objeto no enigma do sujeito. Reintroduzir o abismo do universo no abismo do homem. Reintroduzir a exterioridade sem limites na interioridade infinita. Kierkegaard já dizia que a exterioridade é incomensurável à interioridade da interioridade. Apenas uma consciência transpessoal, ao mesmo tempo desperta e iluminada, possui potencialmente a capacidade de transfigurar o universo. O 'Eu' transcendental transfigura o corpo para ver nele o 'corpo' ou o germe do germe transcendental.

O único no Ocidente que realmente viveu e esclareceu esta questão essencial foi Husserl. Em duas palavras, chamemos de X o transcendente desconhecido no lado do sujeito e Y o transcendente desconhecido no lado do objeto. Por uma espécie de salto quântico da consciência, por uma espécie de iluminação ou de acontecimento fulminante, que Abellio descrevia como um processo instantâneo de inversão intensificadora da inversão, trata-se de perceber que este X e este Y são uma mesma realidade inominável. É o Sem-Nome impronunciável da tradição hebraica. É 'aquilo' que não se deixa fechar na linguagem. Isso também vale para o segredo da poesia. Seu paradoxo é se servir da linguagem para evocar aquilo que escapa à linguagem. O segredo da poesia está em seu procedimento subterrâneo contra a poesia. Não foi à toa que Georges Bataille intitulou um de seus escritos *Haine de la Poésie (O ódio da Poesia)*. Na época do Rig Veda, os Rishis tinham um conhecimento direto da unidade do homem e do mundo. O importante não é compreender, mas viver e sentir em silêncio essa indizível unidade.

Michel Random: Você evoca o silêncio e inevitavelmente pensamos em meditação. No Ocidente, não temos o costume de fazer as crianças meditarem; não faz parte de nosso costume. No Japão isso parece perfeitamente natural. A meditação é praticada em todos os *dojo* de artes marciais, tanto nos das cidades como nos do campo. Desde a idade dos cinco, seis anos, as crianças são ensinadas a praticar o silêncio sentadas em posição de lótus, a manter a postura do silêncio.

É a superioridade do Oriente que não tem necessidade de palavras para estabelecer a serenidade no ser. A postura e o silêncio estão naturalmente associados ao respeito ao Mestre (sensei). O Mestre fala pouco mas a escuta é intensa. A violência nas escolas inexiste no Japão e os resultados escolares são excelentes. O analfabeto é uma espécie rara. Imaginemos uma de nossas escolas onde se praticasse a postura e o silêncio, onde o professor fosse honrado e respeitado como um Mestre, logo ela seria qualificada de 'seita'. De fato, todos os conceitos foram falseados entre nós. O conceito de energia, de corpo e de espírito é um no Oriente, mas entre nós é uma multiplicidade. O espírito, não é o imaginário sutil e criativo, é a memória. Fazer silêncio está associado à igreja, é um ato religioso. O professor está lá para entregar o saber, não para transmitir uma ética ou qualidades de conhecimento próprios a seu ser. O Professor é o guardião do Programa, 'escolar', evidentemente! A idéia de separação, de uniformização nasceu para lutar efetivamente contra o doutrinamento confessional. Em si mesma, trata-se de uma reação laica e sadia; mas entre dois extremos, resta encontrar o centro.

É por causa disso que a transdisciplinaridade pode desempenhar um papel considerável na educação. Fazer entender que este 'intervalo' de que fala Gilbert Durand é capital. Mas, antes, é preciso reaprender o qualitativo, o sutil, a vibração, a escuta. A partir do momento que queremos robotizá-la, a natureza se vinga, o sistema se desagrega a partir do interior, a violência reina, os professores ficam aterrorizados. Sem dúvida, as razões são complexas, mas quem semeia ventos colhe tempestades. É isso que, com a melhor das intenções, o Sistema fez até aqui: semear o vento da uniformização em nome das tecnologias! E isso com as melhores intenções do mundo: preparar as crianças para as novas tecnologias, que por sua vez rejeitam rapidamente a criança-adulto se ela não for constantemente 'reciclada'!

Cada educador, qualquer que seja o seu nível, é apenas o capataz do Sistema. Tem de obedecer o Programa, cuja justificação última é o exame. E o ser, a essência mesma da criança, de sua individualidade, de sua pessoa, onde está? "Faça como todo mundo", diz o capataz educador. "Seja igual aos outros", dirá o capataz Militar. "Faça o que digo", dirá o capataz Administrativo. "Sobretudo, nada de iniciativas", dirá o capataz da Empresa. Do começo ao fim da vida, a criança será assim reduzida, condicionada à passividade, à uniformização. Com mais hipocrisia que nas sociedades marxistas, mas com a mesma eficácia, o indivíduo, o ser, é apagado, anulado, até perseguido se sua cabeça estiver acima da média. Claro que temos o direito de ser politécnicos, mas não de colocar em questão as Instituições, nem na forma, nem no espírito.

O Sistema desmorona em todos os níveis da sociedade cultural, social, econômica porque ele já não é real, é um morto-vivo ao qual tentamos insuflar ar artificial até fazermos explodir um corpo inerte e inchado.

Intelectualmente, queremos mudar como um encarcerado muito lúcido para analisar seu caso, mas que recusaria qualquer iniciativa para andar e tomar um pouco de ar.

De fato, os franceses são os maiores consumidores

de tranquilizantes do mundo. Que belo exemplo para ilustrar o estado de sonambulismo no qual vive a grande maioria das pessoas. O desmoronamento econômico do modelo ocidental fará surgir inevitavelmente a questão: o que fizemos para chegar nisso?

Em caso de crise, o que a transdisciplinaridade pode trazer? E, se uma vez mais, verificarmos que a escuta é para outro milênio, qual será a vida dos seres num sistema de violência, sem esperança e sem amanhã? Estamos ricos de nosso ser, mas a ciência do ser e todos os nossos conceitos, nossos níveis de realidade, têm necessidade de sangue, de vida, de encarnação. É verdade que há necessidade de "se servir da linguagem para evocar o que escapa à linguagem" como tão bem você disse a propósito da poesia, e é o que faz a natureza em volta de nós e em nós. Ela nos fala mil linguagens: mas não diga a uma criança que ela é sonhadora quando ela escuta o barulho da chuva, do vento e da onda. Ensinemos o respeito a essa 'escuta', símbolo da escuta do ser e dos seres, a única coisa que pode nos conduzir a uma mutação real.

Ora, o saber cultural leva à surdez cultural e até à surdez comum.

Em nossos dias uma criança em cinco é disléxica, um verdadeiro exército da marginalização, cujo custo terapêutico e social é enorme. Em si o símbolo da 'surdez', isto é, do fechamento a si-mesmo e aos outros, é específico do Ocidente. O mesmo vale para nossa surdez científica, mental e espiritual. A incapacidade total de escutar ou de assimilar aquilo que não é conforme o esquema cultural é próprio de nossas sociedades. O esquema cultural, o sistema social e o sistema ligado ao consumo estão estreitamente ligados. Se um afundar, os outros o seguirão, pois a entropia dos sistemas faz com que todos afundem ao mesmo tempo, é o efeito de deslizamento no gargalo do vazio aspirante!

Nesse sentido, precisamos tornar a ser Meditativos. Precisamos reaprender a ler o ser no texto. Reencontrar a fonte do Paraíso, é voltar a ser o autor de seu livro de vida, é reler e criar suas próprias páginas. É preciso ser você-mesmo para amar o outro. É "porque eu existo que eu penso" e não, "eu penso porque existo". Como ler os autores se não sou eu mesmo 'autor de vida'? Dissertamos muito sobre o paraíso, sobre a poesia, sobre o visível e sobre o invisível, como portas cujas chaves efetivamente teríamos sem jamais querer usar.

Por isso, a primeira cultura, a primeira 'transdisciplinaridade', é aquela do ser e quando o 'ser' não está mais nos seus comandos sente-se 'culpado mas não responsável'. O medo do ser leva ao medo das responsabilidades e este último, às vezes, aos piores crimes.

A divisa "transforme-se naquilo que você é" foi substituída por "transforme-se no que você sabe". Essa inflação utópica do saber, constantemente denunciada, empurra gerações inteiras para o abismo do desemprego. O que se 'sabe' não serve efetivamente para nada, para o desempregado nem para os outros. Enquanto isso, as sereias do século (televisão, informática, 'rodovias' da comunicação etc), todos os poderes do lucro e da Grande Ilusão, utilizam todos os meios para que o ser seja aspirado para fora de si mesmo, a fim de lhe proporcionar uma insaciável fuga para diante numa multipli-cidade de desejos insatisfeitos. A surdez interior dos seres, sua alienação de 'consumidores' tornando-se o novo maná das riquezas produzidas pelos 'dólares ensurdecidos' das ilusões.

Chego, depois desta enorme volta, à função poética de que você falava. O poeta questiona a sociedade, mas também seu próprio procedimento literário. Escrever é efetivamente escutar o silêncio atrás do silêncio. O poeta está diante do infinito da Palavra impronunciável, uma palavra interior na qual ele escuta uma outra voz sem palavra.

Assim, o conhecimento é apenas a aproximação sucessiva do desconhecimento. A natureza é, nesse sentido, nosso mundo intermediário entre o ser e o não-ser, o sopro de todas as coisas. Sopro (no sentido do grego *pneuma*), isto é, a energia-pensamento, a essência associada à substância, o sopro vivo da Criação que os chineses chamam de 'chi' e os japoneses de 'Ki'.

Michel Camus: O que você diz me faz pensar naquilo a que Mestre Eckhart aludia quando evocava a essência de uma 'terceira palavra' que não é nem dita, nem pensada. Você tem razão: é preciso recuperar o sentido da escuta, o do inaudível ou do inaudito murmúrio da Origem. Sem dúvida, o silêncio não é audível, mas ele é intuitivamente perceptível: é a fonte da palavra. Sendo o enigma da palavra, ele pode tornar enigmática a palavra daquele que é capaz de sentir o enigma acima da própria palavra. É o caso do *infans* que não fala, mas sente ainda mais misteriosamente a presença dos seres e das coisas.

Para o poeta, tudo é enigma. A poesia é transdisciplinar se ela se faz transpoesia, isto é, vocação transpessoal e transcultural a qualquer coisa que atravesse e ultrapasse infinitamente a própria poesia. E nada é mais transdisciplinar que o silêncio: ele é translinguagem. É preciso reaprender, você diz, "a ler o ser no texto". É ler entre as linhas. É ler o silêncio que as palavras velam e desvelam. É ler o invisível consubstancial e inseparável do visível. No fundo, a transdisciplinaridade deve ser criadora de sua própria linguagem mística e gnóstica para que corresponda com a maior exatidão possível à sua própria experiência interior e isso sem ter de procurar suas referências nas mais antigas tradições que foram pouco a pouco se fossilizando ou prostituindo. Pode-se imaginar que nas épocas mais remotas os homens despertos e iniciados na onipresença do sagrado viviam num autoconhecimento muito mais intenso e vivo que hoje. Mas não se fará o novo com o antigo. Segundo João da Cruz, nossos cinco sentidos são as prisões da alma. Hoje diríamos as prisões da consciência. A modernidade é uma perversão da alma na medida que a consciência se perde na fascinação do universo sensível e das ilusões dos sentidos. São muros nos quais o raio laser de um novo olhar interior deve abrir janelas. Daí vem a necessidade da Busca. Os verdadeiros Buscadores da Verdade ou os peregrinos do Absoluto procuram a via operativa para chegar à sua meta, a via da autotransformação para o autoconhecimento.

Michel Random: Creio que seja uma conclusão possível. Os pontos de vista registrados até aqui indicam que a modernidade é sentida como uma perversidade, como um estado doentio no qual os jovens estão mergulhados. É preciso retirá-los disso como se devêssemos puxá-los da Cova de Babel. Pois de duas uma: ou realmente os abandonamos aos mercadores de ilusões até que a Cova de Babel se abra sob seus pés, ou gritamos: "Cuidado, imprudentes, vocês estão adormecidos e o despertar será brutal!" Se nada dissermos, sua revolta será ainda mais impiedosa. Mas a quem falar se a hora de escutar ainda não chegou? Nesse caso, o que a transdisciplinaridade pode fazer? Qual pode ser sua ferramenta? A unificação das disciplinas não é forçosamente a unificação interior dos seres, mas pode contribuir para isso. Transdisciplinaridade e unidade não são duas palavras que vivam bem juntas. A unidade do ser leva à unidade cósmica (à consciência divina), mas essa unidade não é acadêmica, enquanto que os temas do retorno à unidade ou do retorno a si mesmo não comprometem em nada sua própria realidade.

Michel Camus: A transdisciplinaridade não é uma nova religião social como o marxismo. É o paradigma de uma visão holística que germina no vazio pleno ou no silêncio fértil que reina entre as disciplinas. Não é uma pesquisa elitista, pois o apelo à autotransformação para o autoconhecimento diz respeito ao coração de todo ser humano. Ao coração e não à cabeça. De onde provêm os quatro princípios do processo de aprendizagem concebidos pela Comissão Internacional da UNESCO sobre a educação para o século XXI: "aprender a conhecer, aprender a fazer, aprender a viver junto, aprender a ser"?

Os pesquisadores transdisciplinares são os servos de algo que os ultrapassa; participam de uma misteriosa Evolução da consciência da qual eles não conhecem nem os partidários, nem os realizadores. O 'Eu' transcendental de Husserl é um outro nome do 'Mestre Interior' de Eckhart. É a Fonte, a Origem. É o Fogo sagrado. É o Vento que sopra onde quer. É o Germe do germe. Se tivermos alguma coisa a semear, alguma coisa que passe através de nós sem nos pertencer, semeemos o que tivermos de semear. Em outras palavras, semeamos aquilo que somos e aquilo que nos tornamos. A frutificação dos germes não está em nossas mãos.

III

QUANDO O REAL TRANSFORMA-SE EM CONSCIÊNCIA

Prometeu libertado pelo o amor

entrevista com Jacqueline KELEN

Michel Random: Jacqueline Kelen, você é mulher e escritora, você interroga, através de seus livros, as escrituras sagradas, os mitos, os masculinos em particular, que são o objeto de seu último livro. No entanto aqui, neste Congresso da Transdisciplinaridade, muitas questões se colocam. Como você reage, como mulher e como escritora, quais seriam para você os valores essenciais da transdisplinaridade?

Jacqueline Kelen: Dizemos frequentemente: "para que serve isso?" Eu, de minha parte, amo o que é gratuito, porque o gratuito é subversivo, como a beleza é subversiva. 'Transdisciplinaridade', se for apenas uma palavra (para dizer a verdade, escutei esta palavra não faz muito tempo), um conceito, isso não faz viver, não torna feliz, não embeleza, não faz crescer nem os seres nem a vida.

Gosto realmente das referências, da reverência, da gratidão. Sempre pensamos ter inventado coisas novas... Penso em meus amigos do Renascimento, do século XV, num jovem que deveria ser homenageado hoje em dia. Ele desapareceu, envenenado, há 500 anos e chama-se Giovanni Pico de la Mirandola.

Ele não falava de transdisciplinaridade, mas, aos 23 anos de idade, escreveu um *Discurso sobre a Digni-*

dade do Homem, no qual nos remete a esse presente único que é a liberdade de nos tornarmos uma pessoa boa, nobre, generosa, a liberdade de adquirirmos uma imensa cultura e de fazermos de nossa vida uma obra de arte ou uma catástrofe. Ele estudou todas as línguas e religiões, o cristianismo e a cabala, tinha uma biblioteca extraordinária, encontrou as maiores inteligências de seu tempo. Tenho vontade, de minha parte, de render homenagem a este jovem que encarna perfeitamente a transdisciplinaridade, Giovanni Pico de la Mirandola.

Michel Random: Ser trandisciplinar, em sua época, significava arriscar sua vida, e de fato, ele foi condenado. Seu humanismo significava unidade dos conhecimentos, mas também separação do poder temporal e espiritual. Ele pedia, com seus amigos da 'Academia Romana', que a Igreja deixasse de ser um poder temporal e se ocupasse somente da alma e do espírito, heresia insuportável tanto ontem como hoje. Pico de la Mirandola ainda pode nos ensinar muito.

Jacqueline Kelen: Sim, fala-se muito hoje de unidade ou de convergência dos conhecimentos, mas em minha opinião, fala-se muito do saber e pouco do amor.

Penso também num outro filósofo, o catalão Raimundo Lúlio. Em seu livro *L'Arbre de la Philosophie d'Amour,* escrito em 1298, ele coloca em cena duas irmãs, muito belas. Mas uma está em prantos, sentindo-se abandonada. Às perguntas do filósofo, ela responde: "Minha irmã chama-se Filosofia do saber e meu nome é Filosofia do amor..." A bela dama em lágrimas suspira: "A maioria dos homens não sabe amar. Se eles soubessem amar tão bem quanto sabem compreender, o mundo inteiro estaria numa ordem perfeita."

Todos se interessam pela filosofia do saber, sem dúvida porque ela é mais eficaz ou mais gratificante, e abandona-se a filosofia do amor, que pede muito mais abandono e muito mais silêncio. Gostaria que a transdisciplinaridade não fosse um conceito, nem um rótulo, nem um modelo de boa conduta intelectual, gostaria que ela fosse um caminho que aliasse o saber e o amor, e que o conjunto recebesse o nome de sabedoria.

Michel Random: É um aspecto capital. A inteligência desumanizou o planeta, ressecou a vida. Os tempos modernos têm medo da vida a ponto de substitui-la por tecnologias virtuais, como a mulher carnal é substituída pela mulher fantasmática com a qual tecnologias sofisticadas permitirão um gozo cada vez mais virtual. É o paradoxo do espírito materialista que desencarna a própria matéria porque ela é muito complexa, muito exigente em sua verdade profunda, para recriá-la artificialmente pela imagem, sensação, solicitação visual e neuronal. Podemos exaltar esse novo vírus do virtual sem tomar consciência de que não podemos desmaterializar impunemente o real.

O invisível não é virtual mas potencial. Utilizamos, por exemplo, apenas dez por cento de nossos cem bilhões de neurônios, mas o resto é um 'potencial' que eventualmente pode servir em casos excepcionais. É assim em toda ordem viva. O invisível é um inimaginável potencial do qual emerge o visível. Do mesmo modo que o Vazio contém incomensuráveis energias de onde emergem as partículas. Nesse caso, o invisível é real e não virtual. O que é virtual não é virtude mas ilusão. O virtual e o conceito são solidários. O conceito elabora um universo virtual no qual o homem é apenas um pretexto utilitário. Quanto mais é saturado de conceitos menos é real. É o princípio do consumo. Como diz meu amigo Etienne Guillé, o conceito linear: "produzir-consumir-morrer", torna-se o único horizonte possível. Ele conduz diretamente às piores manipulações das mentes e portanto à sujeição consentida do indivíduo. Quanto mais uma sociedade for composta de carneiros, mais fácil será dirigi-la, mais a produção de produtos de massa será possível e maiores serão os ganhos decorrentes. Deus produz, como diria Theilard de Chardin, a hominização, quer dizer uma evolução qualitativa do homem. As tecnologias virtuais produzem a desumanização. Exatamente o contrário. É um jogo perigoso contra a natureza, mesmo se em si mesmas as novas tecnologias nos prestem imensos serviços. Mas elas não são controladas por pessoas virtuosas e inofensivas, ao contrário. Elas servem a finalidades obscuras e podem tornar-se os piores instrumentos de uma tal sujeição planetária que é quase impossível de ser imaginada.

Você me dirá que é fácil fazer previsões, mas temos apenas que ver o que se passa todos os dias na realidade. Os exemplos evidentes de uma barbárie crescente vêm de todos os lados. Os valores intrínsecos de um indivíduo tendem a zero, inclusive os valores culturais. Não falemos dos valores da vida e da morte, da mulher e do amor, do prazer e da festa, da família e da educação. Os valores éticos e os valores humanos se esfumaçam num vapor virtual, o dinheiro não tem odor, os jovens já não têm sentido, até mesmo o futuro imediato do planeta não interessa de forma alguma aos poderosos. O concreto é o lucro imediato. O esforço qualitativo transforma-se em mal porque deixou de ser interessante ao 'grande público', portanto não gera lucros. O outro é ninguém! Regras administrativas cegas geram 'decretos' que substituem a humanidade mais elementar e o bom-senso. E, em nome dos decretos e das circulares, as piores injustiças são cometidas indefinidamente contra os 'direitos do homem' mais fundamentais. O Sistema tende a gerar sub-sistemas sempre mais implacáveis. A todo momento, os seres, suas ações e até mesmo seus pensamentos tornam-se controláveis. Assim, aquele que não está dentro da norma torna-se o inimigo, o suspeito, o marginal.

De fato, as rodovias do saber são fascinantes. Mas a massa dos saberes esconde o aspecto interiorizado dos conhecimentos. Devido a isso, contribuem mais para a robotização do que para o florescimento das inteligências. Sob o pretexto de oferecer possibilidades ilimitadas, cria-se uma aparente complexidade mais orientada para um único registro linear. A tal ponto que mesmo o futurismo criativo oriundo das novas tecnologias interessa apenas a uma pequena minoria de pessoas. Em suma, esse mundo virtual cria não uma gênese de novas realidades, mas uma gênese de irrealidade. A ferramenta informática gera progressivamente sua própria finalidade, contribuindo para a confusão dos valores que mina a grande maioria do mundo moderno e até mesmo a acelerando.

O acesso ao verdadeiro conhecimento requer uma alquimia interior. O mesmo acontece com o amor, que é uma dinâmica afetiva e espiritual do masculino e do feminino. O amor ainda é o nosso último refúgio, o amor da beleza, da criação, da natureza, o amor do amor de qualquer tipo. Mas qual sentido pode ter o amor quando as relações sociais se desumanizam, em particular nas cidades, onde cada um pode ficar em casa em seu mundo virtual. Com efeito, com a Internet temos a ilusão de sermos um comunicador planetário, mas temo que o sentido cavalheiresco do amor encontre poucos ecos na Internet.

As mulheres devem reagir, compreender que essa desumanização as ameaça diretamente, a elas e a seus filhos. As mulheres defendem instintivamente os valores do amor. Em todas as épocas elas simbolizaram a fertilidade e a inteligência da vida. Por isso elas têm um papel determinante para encarnar uma nova transdisciplinaridade da vida. Isso significa que devem ser informadas de tudo que ameaça a vida: novos vírus provenientes das manipulações da engenharia genética, alimentos comercializados sem especificação alguma dos seus componentes. As mulheres devem resistir à chegada de um mundo inumano do qual serão as primeiras vítimas. Se expressada, a dimensão feminina contém extraordinários poderes. As mulheres têm uma maneira concreta e globalizante de ver as coisas; elas têm em si mesmas tudo o que falta ao imaginário masculino ofuscado pelas novas tecnologias. Por isso seu papel será determinante num futuro próximo. Ao menos, assim o espero. Seu espírito independente as torna muito menos sensíveis às influências da modernidade. Elas podem, com muita finura, ir contra a causalidade asfixiante. Seu cérebro percebe globalmente a informação; elas não são, como se diz, 'lateralizadas' em direita e esquerda. Nesse sentido, os valores da feminilidade serão determinantes para a sobrevivência planetária.

Você não acha que a educação tecnológica, o dever que os homens têm de vencer custe o que custar, toda esta capa de ansiedade que pesa sobre o mundo masculino, reduz ainda mais sua possibilidade de crescimento, de estar no mundo, ao passo que as mulheres conservaram uma autonomia maior?

Jacqueline Kelen: Sem dúvida as mulheres conservaram mais selvageria em si mesmas devido às suas raízes telúricas, às suas antenas cósmicas. Elas se dobraram menos. Talvez por já terem sido confinadas à cozinha, ao quarto dos filhos, dobraram-se menos ao estereótipo. Acho que muitos homens se submeteram, aceitaram convenções, adequações sociais, que não são seu ser. Se tenho vontade de juntar, de lembrar os mitos masculinos, é porque o homem moderno esqueceu essa dimensão de eternidade.

Em cada homem há não apenas o sábio e o homem técnico, o *homo faber*, o Prometeu, mas também o mágico, a criança, o amante, o místico. Há, de fato, todas estas dimensões, que deveriam ser redescobertas, que deveriam florescer de novo.

Quanto ao eterno feminino, ele permanece ligado ao poder do amor, à transfiguração do visível, do banal pelo amor. Magnífica e dolorosa missão da mulher...

Michel Random: Enquanto mulher e escritora, como você vive a transdisciplinaridade? É uma revolução e pode interessar aos jovens? Como você a definiria? Uma nova metodologia, uma nova visão da modernidade? Um retorno contemporâneo aos valores eternos?

Jacqueline Kelen: Para mim, a transdisciplinaridade seria a sede. A sede de conhecer, a sede de descobrir, o frescor do olhar, o deslumbramento. Fala-se sem parar das necessidades dos indivíduos, mas não se fala de sua sede. Para mim, a transdisciplinaridade poderia ser uma sede, bem como um esforço, uma exigência (e a exigência é um grande prazer e não apenas uma obrigação), uma esperança de sermos maiores do que nos dizem, de sermos infinitamente mais belos do que nos fazem crer, de sermos infinitamente mais livres, sobretudo, do que nos dizem.

A transdisciplinaridade abre janelas. Ela faz com que haja vontade de prosseguir, mas retornamos sempre ao indivíduo, que é a mais bela invenção do Ocidente. O indivíduo está fundamentalmente sozinho no caminho e está fazendo sozinho o seu caminho. É um desperdício lhe falar de transdisciplinaridade ou de outra coisa, se ele não tiver vontade de se pôr a caminho, se ele não estiver consciente de sua liberdade. Podemos falar-lhe de não importa que conceito, isso a nada levará. Só um indivíduo livre e consciente de sua possível grandeza é capaz de transdisciplinaridade.

Michel Random: Quais são as grandes questões que se colocam aos jovens de hoje?

Jacqueline Kelen: Para os estudantes que conheço, porque dou alguns cursos no ensino superior, frequentemente as questões que aparecem são o desemprego, a guerra, a fome no mundo, a droga, a delinquência. Mas a meu ver, falamos demais dos problemas dos nossos dias, o mundo está sufocado de problemas, o que quer dizer que existem soluções e que nós esperamos da sociedade ou de um governo a resolução desses problemas. Ora, no caminho iniciático não há problemas (de trabalho, de dinheiro, de psicologia), mas provas. As provas são as portas e todo ser que é consciente de sua eternidade tem portas a cruzar e a porta não é um problema que se resolve e ficamos contentes, nos sentimos seguros. A porta pede que se continue e é um caminho de evolução. As portas podem aparecer sob uma luz afetiva, profissional, financeira, por que não? Mas realmente é preciso estabelecer uma diferença absolutamente radical entre os problemas sociais da coletividade e as provas do caminho espiritual que dizem respeito ao indivíduo único e insubstituível.

Nenhum governo, nenhuma ideologia política jamais solucionará nossa sede de beleza, nosso desejo de eternidade. Nenhum governo (felizmente) jamais resolverá uma chaga de amor, nem a ciência, nem droga alguma. Para um ser livre não existem problemas, os problemas psicológicos, os problemas materiais e existenciais pertencem a outro nível de realidade, à realidade horizontal, sociológica e histórica. O ser vertical e eterno, este avança e crê, evolui e não tem problema. Mas ele conhece o perigo, a dor.

Michel Random: Aí está a grande mensagem para os jovens: 1) há uma imensidão de coisas belas para serem vistas, compreendidas, amadas; 2) a vida e o amor têm um sentido. Tornem-se livres, tornem-se livres no interior de vocês mesmos e o resto lhes será dado em acréscimo. A primeira coisa é ser você mesmo, transformar-se em você mesmo, ganhar essa liberdade e compreender que há coisas muito ricas e não apenas coisas feias.

Jacqueline Kelen: Gosto de enfatizar o ser de desejo, de liberdade, de sonho, de esperança e de gratuidade, enquanto que na sociedade sempre enfatizamos o homem de utilidade e de necessidade. Temos, de fato, necessidades (necessidade de comer, de dormir, de se proteger do frio etc), mas o ser livre começa a partir do momento em que deixa de ter necessidade. Sempre somos rebaixados quando se fala de impulsos, de funções, de gratificações etc. Não, estamos bem acima disso: o ser humano começa quando se entrega ao exercício do sonho, do desejo e da esperança, quando se consagra à beleza e se oferece como montaria ao amor.

Michel Random: É uma bela conclusão.

Golias e a jovem com o ramalhete de flores

entrevista de Michel CAMUS
com Michel RANDOM

Michel Camus: Multidisciplinar enquanto poeta, ensaísta, escritor, você também se interessou muito pelo campo das ciências, deu inúmeras conferências no estrangeiro, fez filmes e não é em relação a esta ou aquela disciplina que posso interrogá-lo, mas já de uma maneira transdisciplinar. Então a quem estou interrogando, em meio a todas essas atividades?

Gostaria que você nos dissesse como aconteceu, em que momento começou para você esta aventura transdisciplinar? O que o fisgou de repente e fez com que você dissesse "isso me apaixona"?

Michel Random: Na origem de todas as coisas estão, de fato, a paixão, a paixão de viver, de conhecer, de compreender e de amar. Associo a paixão à dádiva da infância. A criança quer conhecer tudo, não pára de fazer perguntas. Nesse sentido, sou sempre uma criança grande, sempre faço inúmeras perguntas, fico admirado, admirado por aquilo que *é*, pela imensidão dos conhecimentos, admirado pelo amor e pela beleza.

A admiração é a fonte do deslumbramento. A infinita beleza da natureza, a mais simples folha de árvore me desperta este deslumbramento. A fonte de todo conhecimento está na visão e a beleza é a própria alma da visão. Pois a beleza contém o amor e o amor contém todo conhecimento. A admiração, a beleza, o amor animam à paixão. O princípio alquímico e poético da vida encontra-se assim realizado. Todo o resto é decorrência, até a sabedoria e também o que chamo de sabedoria da não-sabedoria. Tudo o que se apresenta com solenidade demais, mesmo a sabedoria, me retrai. Temo os caminhos demarcados demais, as certezas afirmadas demais e, mais que tudo, os dogmas, qualquer que seja a sua natureza. Toda idéia é nobre ou bela, mas exprime apenas uma faceta do real. Toda idéia contém um cadáver potencial. O homem de conhecimento só pode ser um dançarino e um apaixonado.

Tudo depende da pergunta que fazemos à vida. Devemos construir uma 'carreira', como se diz, ou percorrer nosso caminho de conhecimento? Felizmente tomei consciência bem cedo desta questão e tentei percorrer meu caminho de conhecimento através da vida. Evidentemente um apaixonado é, ao mesmo tempo, forte em sua essência, mas particularmente desprovido de eficácia para enfrentar seu caminho de vida, ainda mais quando se trata da vida moderna. Mas, inversamente, sempre tive curiosidade pelos instrumentos e ferramentas que a vida moderna podia colocar a serviço da expressão. Assim, sem me cristalizar em nenhum modelo, servi-me de todos os que eu podia utilizar. Com isso, tive muitas etiquetas: jornalista, fotógrafo, produtor de rádio, produtor de televisão, editor, citando apenas os mais aparentes. Evidentemente, sou antes de mais nada escritor, antes de mais nada poeta e, por fim, sinto-me uma partícula de consciência que percorre todos os universos que lhe são acessíveis. O primeiro e o último de todos esses universos têm o mesmo nome: amor. Sem amor nada podemos conhecer. No amor existe a participação, a comunhão, a admiração, a paixão, todas as virtudes essenciais que ligam, que estão na vida e além da vida e da morte. O amor é o despertar do coração e também de todas as energias. Ele é o cadinho dos sofrimentos e das alegrias mais inauditas. Rumi fala constantemente do sofrimento que vem da separação. A condição humana é precisamente a da separação entre a essência do que é e o mundo dos fenômenos no qual existimos. Assim o mundo dos fenômenos é o nosso campo de batalha e a primeira de todas é, evidentemente, a batalha contra si mesmo. O caminho do conhecimento pede muita humildade e muita coragem. Temos de ir à luta todos os dias, temos de estar prontos e vigilantes como um bom samurai. É preciso não temer arriscar a vida sem deixar de protegê-la dos riscos inúteis. Nenhum ser pertence inteiramente a si mesmo a partir do momento em que pode ser útil aos outros e em particular à sua família. Cada ser tem seu próprio canto e deve, na medida do possível, exprimi-lo. Nesse sentido, todo conhecimento passa pela escuta do outro e, quando compreendemos que o outro também é nós mesmos, então uma infinidade de novas portas se abrem e encontramos a mesma viagem do início: a admiração, a dúvida e muitas vezes o amor.

Michel Camus: Você falou de transformação. Nela encontramos a palavra 'trans', de transdisciplinaridade. Você tem a impressão de que essa aventura é uma aventura que parte da obscuridade da infância em direção à luz? É, no fundo, uma espécie de processo iniciático ao qual você fez alusão. Que relações esse processo tem com a transdisciplinaridade?

Michel Random: Transdisciplinaridade é, hoje, a atualização de uma palavra que liga processos modernos de conhecimentos que, especialmente na ciência, se diversificam em ramos cada vez mais complexos. É assim que surgem novas disciplinas que atravessamos para começar, posto que 'trans-pomos' quando tentamos ver o que essas disciplinas têm em comum e se existe entre elas uma unidade profunda.

Diria que as disciplinas são os caminhos ou os *momentos* do caminho, e a transdisciplinaridade a paisagem. Da mesma maneira, em nossa vida atravessamos etapas sucessivas, mas é ao mesmo indivíduo que dizem respeito todas essas etapas ou maturações. Quer sejamos oleiro ou técnico de informática, a profissão é apenas um instrumento e não um fim. Toda ciência deve encontrar seu sentido e sua finalidade no homem e não contra o homem. Uma ciência que existe em si mesma e para si mesma só pode destruir o homem e o planeta, é um monstro nascido do saber e do imaginário humano e que, colocado a serviço do poder, serve apenas a si mesmo. Nesse sentido, a palavra 'transdisciplinaridade' contém um humanismo, uma ética e uma finalidade que considera, antes de mais nada, a realização e a plenitude do homem.

Quando comecei a escrever o livro *Art Visionnaire*, aparecia constantemente a palavra 'transvisão'. Realmente, como exprimir a idéia de que a visão é a da unidade fundamental de todas as coisas, do infinitamente pequeno ao infinitamente grande, do visível ao invisível, mas que se trata de uma unidade aberta. O que existe não é senão por vir, criação e mudança infinita. O que existe, percebe-se como coerência global e por vir instantâneo. Lupasco, em sua linguagem, teria dito potencialização, atualização e terceiro incluído. Esses três aspectos exprimem a unidade e determinam a Criação e a energia do visível e do invisível.

A transdisciplinaridade atrai precisamente a atenção sobre esses três aspectos, e principalmente sobre o terceiro incluído, assim chamado por Lupasco, isto é, o Todo superior à soma das partes. Nesse sentido, a transdisciplinaridade é também holística. Mas para ligar nossas diferentes abordagens de conhecimento, da análise ao conceito global, a transdisciplinaridade prefere falar de 'níveis de realidade'. A finalidade é a mesma, mas o processo é diferente. A idéia de 'níveis' inclui a idéia da relatividade própria a cada nível. Cada nível existe realmente em si mesmo, mas também relativamente aos outros que podem ilustrar a mesma realidade sob um ponto de vista novo e totalmente diferente. É, por exemplo, o que acontece no que diz respeito ao espaço-tempo. O espaço e o tempo linear e contínuo da física clássica transformam-se num único todo, no espaço-tempo descontínuo e inseparável na física quântica. Há ainda um terceiro nível, expresso pelo conceito de *bootstrap*, onde o espaço-tempo, por menor que seja, já não existe, e que G. F. Chew, autor da teoria, chama de "acontecimento repentino", isto é, o que existe sem que se possa dar um tempo, por menor que seja, a essa relação entre os acontecimentos determinados pelas interações entre as partículas.

Nesse sentido, a transdisciplinaridade reintroduz o conceito de 'viagem' ou de relação através dos graus ou dos níveis de consciência. Essa abordagem, embora permanecendo perfeitamente científica, permite que nossos conceitos sejam colocados em ordem. Assim, podemos ver claramente a que nível os nossos conhecimentos se aplicam. Assim, no próprio interior da ciência, aparece o caminho iniciático tradicional sempre aberto para o questionamento. Por isso, só pode existir ciência se ela estiver constantemente aberta. Uma ciência fechada seria um contra-senso. Mas a partir do momento em que é aberta, a ciência não pode recusar o questionamento. Ora, é o que faz o espírito cientificista, que recusa o questionamento a partir do momento em que ele diz respeito a campos aos quais a observação dita 'objetiva' e repetitível não pode ser aplicada. Esse dogma mata a própria ciência, tornando-a anticientífica e utópica. É por isso que os cientistas, aprisionados na jaula de suas certezas, são tão violentos quando tocamos em seu dogma sacrossanto, que eles ainda acreditam ser duro como aço, enquanto que essas crenças caducaram depois de 1900, ano em que Planck descobriu a física quântica.

Percebemos hoje o quanto esse dogma contribuiu para a criação de uma civilização moderna que, no espaço de meio século, conseguiu colocar em causa a existência da espécie humana e nos fazer passar de um estado de vida a um estado de sobrevivência. A transdisciplinaridade é, se eu quisesse me expressar conforme os termos empregados no *Grande Jogo* de René Daumal e Roger Gilbert-Lecomte, uma 'assassina de dogma' e, ao mesmo tempo, um processo de abertura à inteligência do real. Por isso, a transdisciplinaridade é um acontecimento fundamental no Ocidente, pois o conjunto de nossos conhecimentos encontra-se 'ligado' e ao mesmo tempo redefinido por 'níveis de realidade'.

Michel Camus: E num mundo dominado pela tecnociência, onde há artes que se transformaram numa tecnologia, você não tem a impressão que, no mundo onde vivemos, essa nova abordagem completamente aberta da Transdisciplinaridade é tão frágil quanto a abordagem poética?

Michel Random: Sim e não. Sim, se medimos a resistência que o pensamento cartesiano tem, principalmente na França, à transdisciplinaridade. Não, se medimos a rapidez de sua expansão e influência em inúmeros outros países. Um pensamento real que caminhe no sentido da natureza acaba sempre, mais cedo ou mais tarde, por se impor. Os 'resistentes dogmáticos' são os guardiões de uma ordem maniqueista na qual a mente do homem pensava poder afrontar a Inteligência divina e explicar a existência de todas as coisas mediante as propriedades de um real observável e reduzido apenas aos campos estreitos dessa observação. Tentação tão desesperada quanto ilusória. Tentação de extremo orgulho também, consistindo em considerar que tudo começava com eles. As sabedorias milenares comuns a todas as civilizações transformavam-se a seus olhos em conceitos folclóricos, saídos de mentalidades subdesenvolvidas próprias aos 'indígenas' locais. Por isso, no século XIX, a aliança do espírito colonialista e do espírito missionário, um reforçando o outro, produziu o triunfo deste espírito maniqueista. A ciência tolerava o partido dos padres e o partido dos padres acomodava-se à ciência, cada um sendo missionário à sua maneira, um convertendo os 'indígenas' ao cientificismo, outro à fé. Foi o triunfo do dogmatismo. Divertido por sua ingenuidade, mas profundamente trágico e destruidor em suas consequências.

Tudo isso parece longe, embora esteja longe de estar morto. Todo mundo sabe que as idéias primárias não são idéias mortas senão na aparência. Estão sempre prontas a ressurgir sob forma de temíveis zumbis. Nenhuma mutação é feita sem combate e sofrimento. É a eterna luta do Espírito contra a Letra, do bem contra o mal. Essas duas forças coexistem e provavelmente sempre existirão. Hoje, o dogma do cientificismo tornou-se uma instituição planetária, mas essa instituição, esse sistema, se autodestrói e tende a anular todos os valores fundamentais que mantêm a vida e a ordem viva.

No entanto, a sobrevivência planetária, a consciência de que o futuro a curto e médio prazo está arriscado a não existir, começa a emergir e com essa consciência manifesta-se um questionamento de todas as crenças provenientes do mundo materialista. O próprio cientificismo foi confiscado e degradado pelas potências do dinheiro. Depois de um percurso aparentemente ético sob a cobertura da economia, daqui para frente o cinismo do dinheiro aparece à luz do dia. Nos Estados Unidos, o homem já há muito tempo não é o que ele *é* mas o que ele *vale*. Um grande sábio pobre é o mesmo que um vagabundo. Quando a inversão de valores chega a tal ponto, isso significa que os piores mafiosos transformam-se nos santos de uma nova ordem. Uma 'civilização' que venera os grandes chefes mafiosos não é, evidentemente, senão a caricatura sinistra de uma civilização. Sem valores éticos nenhuma civilização pode sobreviver muito tempo. Mesmo se esquematizo demais, os fatos estão aí.

Por outro lado, a abordagem poética exprime o sopro vivo do espírito. O espírito, como sabemos, sopra onde quer. Sem dúvida, sem alimentos terrestres, não podem existir alimentos poéticos. O mafioso nada entende de poesia e o poeta não tem nenhum laço com o mafioso. A diferença é que, no invisível, um buquê de flores pode fazer desabar um arranha-céu. Poesia significa vida, amor e conhecimento. No final das contas, apesar das dificuldades aparentes e mesmo sendo pobre como Jó, o poeta escolhe a 'melhor parte', como disse Jesus a respeito de Maria. A poesia é a Árvore da vida e diante da Árvore da vida o império dos arranha-céus é irrisório. No tempo assinalado, veremos como o invisível organiza-se para fazê-lo desmoronar como um castelo de cartas.

Hoje, tudo que é essencial é frágil, tudo que exprime sentido qualitativo é laminado pela causalidade dominante, reducionista, machista e aparentemente triunfante com o aparecimento das novas tecnologias. Assim, tudo que escapa a esse espírito reducionista é sentido como um inimigo mortal que devemos por todos os meios marginalizar ou reduzir ao silêncio. A poesia como os valores femininos, a arte como a dança, a física quântica e a transdisciplinaridade, as grandes sabedorias e o pensamento metafísico.

A transdisciplinaridade assemelha-se a uma jovem graciosa e alegre que vem dançar diante do Golias dos tempos modernos. Golias é todo-poderoso diante de seus castelos de ferro, de vidro, de mármore, de pedra. A jovem, com um buquê de flores na mão, vem e diz: "Todo-poderoso Golias, você quer dançar comigo?"

Golias se espanta, como essa inexistente jovem ousa dirigir-lhe a palavra? Irá devorá-la de uma só vez? Volta-se para os seus ministros, que também parecem indignados. Como se não bastasse, a jovem com o buquê de flores também tem o atrevimento de dirigir-lhes a palavra:

— "Todo-poderoso Ministro dos Arranha-céus, das Finanças, da Economia, das Instituições dogmáticas, das Idéias pré-concebidas, convido-os à festa. Juntos criaremos espaços de felicidade, venham dançar com as mulheres, as crianças, os poetas. Ajudem-nos a erguer colunas de flores. Venham celebrar o amor."

— "Essa mulher é uma louca", diz o Ministro das

Instituições dogmáticas. "Que venham depressa os guardas psiquiatras."

— "Vamos esperar para ver o que ela ainda vai fazer", diz Golias, "está divertido".

Sempre dançando, a jovem se afasta rapidamente, semeando as pétalas de rosas de seu buquê sob seus passos. Quando está suficientemente longe, diante de um grande espaço vazio, volta-se e saúda-os com a mão.

O Ministro dos Dogmas, furioso, ia dispensar seus guardas psiquiatras, quando, de repente, ouvem-se estalos, imensas fissuras rasgam com a rapidez de um raio o império de mármore e de ferro e, alguns instantes depois, Golias, seus ministros, suas cidades e suas instituições desaparecem. O império reduziu-se a uma imensa montanha de pedras. Alguns anos mais tarde a jovem, sempre dançando, voltou a esse lugar. A água, os ventos e a natureza entraram em acordo para cobrir tudo com plantas e arbustos. A jovem semeou sementes de flores aqui e acolá e a primavera floresceu nessas montanhas como se nada tivesse jamais existido.

Um pequeno conto para responder à sua pergunta. A fragilidade da poesia é uma força toda-poderosa e o mesmo vale para a transdisciplinaridade, se ela não perder o espírito de poesia.

Michel Camus: É a procura por uma resposta à atual crise profunda das ciências físicas e das ciências humanas. Não se trata de uma espécie de revolução, na medida em que se apoia em valores essenciais? O homem, a natureza, as ciências nunca colocaram essa questão em seu sentido profundo. Nunca compreenderam o enigma do ser.

Michel Random: Todo o visível apoia-se no invisível, esse é o fundamento do enigma aparente. Isso nunca será repetido o bastante. Tudo no universo não é mais que o visível sobreposto ao invisível. O universo é um imaginário que oculta sua essência e reflete fenômenos. Mas os fenômenos são labirintos intrincados que engolem aqueles que neles se aventuram. Tenho a impressão de que o imaginário científico está abandonando o labirinto. Tenho a impressão de que está tomando consciência de que sua paisagem já não tem fronteiras. O próprio imaginário está compreendendo que ele próprio não passa de uma pequena parte de um imaginário insondável que recuará diante dele indefinidamente. No dia em que a ciência aprender de fato, a modéstia adquirirá a consciência.

Os valores atuais são escórias que voltam para o cadinho. A crise só existe aparentemente. A crise é a dissolução do sistema no cadinho. O ser vigia o processo e o enigma de sua força reside precisamente em sua independência em relação ao cadinho. Dito isto, se a ciência for iluminada pela modéstia e pela poesia, chegará a se reconstruir com outros valores éticos e filosóficos e até mesmo metafísicos. Sem isso, acabará por se confundir com a própria ferramenta e esquecerá sua finalidade, que é a descoberta e a abertura ao real. Nesse caso, a ciência será ela própria o instrumento de nosso aniquilamento.

Michel Camus: Os seres humanos confundem a mente com a consciência. Hoje é a consciência que toma consciência da mente. Na consciência há outras medidas, outras naturezas além da mente. Devemos sair dessa confusão que consiste em dar à mente o lugar da consciência.

Michel Random: Sim. Como diria Lupasco, há uma consciência da consciência e assim por diante. Há uma infinidade de consciências na consciência e não apenas o consciente e o inconsciente. Cada termo, cada palavra que objetive, reduza, determine, é uma expressão da mente. A mente quer se assegurar, quantificar, classificar. Ela tem a cabeça baixa e obstinada de quem quer obter resultados rápidos, práticos, eficazes e imediatamente exploráveis. A mente é ávida de causalidade. Seu fanatismo esmaga tudo. Seu horizonte estreito provoca contra-verdades sem fim, que ela defende com teimosia.

A mente é uma ferramenta do espírito. Quando o espírito domina a mente, o mundo está em ordem. Quando a mente toma a dianteira do espírito, constrói uma sociedade contra a natureza e persiste em seus conceitos até que apareça a Grande Complexidade proveniente de seus próprios processos. Ela percebe então que já não pode administrar essa realidade, nem quantitativamente nem qualitativamente. No entanto, em si mesma, a mente já não tem nenhum recurso e menos ainda visão para dominar essa Complexidade. Então revela sua natureza profunda, mostra suas garras, destrói, aniquila, explora e joga fora tudo o que pretendera defender, particularmente o homem. Para a mente, no sentido moderno, o ser, os valores do espírito, são inimigos mortais. Assim, carregamos em nós mesmos a hidra com cem mil demônios, expressão da Grande Mente moderna.

Todavia, o sistema está escapando da hidra. A Consciência do ser, a Consciência cósmica está emergindo, lutando e se ramificado. Hoje essa consciência se chama transdisciplinaridade. Amanhã sem dúvida terá outros nomes, se nesse meio tempo a humanidade ganhar a batalha pela sua sobrevivência.

A não-separabilidade no espaço e no tempo

entrevista com Olivier
COSTA DE BEAUREGARD

Michel Random: Sr. Costa de Beauregard, você é físico e autor de inúmeras obras científicas, principalmente: *Le Second Principe de la Science du Temps*.

Os conhecimentos mudam rapidamente no mundo das ciências, mas lentamente no espírito do público. Agora que chegamos ao terceiro milênio, você acha que a transdisciplinaridade é um novo instrumento do saber, uma nova moda ou uma verdadeira fonte viva e fecunda do conhecimento?

Costa de Beauregard: Acho que não podemos ter antolhos em nossa especialidade; precisamos olhar à direita e à esquerda e, de vez em quando, devemos nos informar sobre o que se passa em outros campos. Isso pode ser muito construtivo e operacional. Vimos isso muitas vezes, principalmente quando Descartes associou a álgebra e a geometria. Isso foi algo novo. A transdisciplinaridade, para mim, é isso, é olhar no livro de meu vizinho para ver se existe alguma coisa nova, útil para minha própria preocupação.

Michel Random: Enquanto físico, como você sente hoje o universo das ciências? E para onde se encaminha a física quântica?

Costa de Beauregard: É muito difícil dizer para onde ela vai. O que podemos dizer é que há grandes mudanças de perspectiva que podemos qualificar como metafísicas. Posso explicar esse ponto: a metafísica é o que Aristóteles ensinava depois da física. Hoje algumas implicações da física formal, equações operacionais, vão tão além do paradigma normalmente aceito que podemos perfeitamente qualificar essas implicações como metafísicas.

Michel Random: Um físico pode colocar precisamente o problema do ser como o coloca a metafísica? Há métodos de medida que permitem um conhecimento suficientemente refinado do universo e das energias para dizer: o universo é uma expressão do Ser?

Costa de Beauregard: Sua pergunta nos conduz ao cerne da metafísica. Com 'O Ser enquanto Ser', como se exprimia o tomismo, estamos no nível mais elevado da metafísica. A física sobe até lá. No entanto, ela pode trazer dados importantes que mudam complemente a maneira de abordar os problemas anteriores.

Penso, por exemplo, no que se passou no momento em que se descobriu a imensidão do universo. Falo de Copérnico e de Galileu que, com excelentes argumentos, demonstravam que é a Terra que gira e não o céu, e que a terra efetua um circuito em volta do Sol. Isso provocou uma verdadeira revolução científica, percebida na época como propriamente metafísica. Foi a percepção da imensidão do universo e a renúncia ao geocentrismo. Estaria tentado a dizer que foi a renúncia ao egocentrismo – fazendo um jogo de palavras –, ao egocentrismo do homem, da humanidade. Isso permitiu a compreensão do universo como alguma coisa imensa e foi preciso se acomodar a essa nova perspectiva. A prova de que eram problemas metafísicos foi a Igreja ter tido dificuldade para aceitá-lo.

Michel Random: Hoje, essa relação entre a parte e o todo deixou de ser um assunto de doutrina; faz parte de nossa percepção nova do universo. Quais são as consequências disso?

Costa de Beauregard: Houve duas teorias que causaram enormes mudanças na maneira de perceber o que você chama de 'o ser do universo' – e aceito esta terminologia. A relatividade e a mecânica quântica. Ambas trouxeram uma enorme mudança de perspectiva que podemos realmente qualificar como metafísica. Isso aparece ainda mais quando associamos a mecânica e a relatividade: a mecânica quântica relativista. Falo da relatividade restrita, porque com a relatividade geral há problemas, uma vez que a junção não está realmente realizada.

Michel Random: Como você define a relatividade associada à mecânica quântica para um público que não entende muito bem o que é a relatividade e menos ainda o que é a mecânica quântica? É mais complicado ainda.

Costa de Beauregard: Para dizer a verdade, quando tomamos banho, percebemos que não é tão complicado assim, pois tudo é muito coerente. Mas falemos da relatividade e da mecânica quântica separadamente. A teoria da relatividade restrita de 1905 trouxe uma mudança de perspectivas metafísicas. É um exemplo magnífico do que eu dizia no começo. Um exemplo: afirmou-se que a velocidade da luz é a mesma em todas as direções. Você me dirá que isso não é tão extraordinário, porque se a luz se propaga no éter vemos que a velocidade da luz é medida da mesma maneira em todas as direções. Mas o paradoxo é que a velocidade da luz é a mesma em todos os sistemas chamados inerciais que estão em translação, em movimento uniforme uns em relação aos outros. Observação que foi um choque conceitual enorme.

Michel Random: Desculpe-me por recolocar a pergunta. O que significa "sistemas inerciais que estão em translação uns em relação aos outros"?

Costa de Beauregard: Isso nos remete a Galileu, que foi o primeiro a compreender bem os movimentos relativos. É impossível, pelas experiências da mecânica clássica, colocar em evidência um movimento absoluto.

Galileu afirma que um ponto material isento de qualquer força está ou em repouso ou em movimento uniforme, com velocidade e direção constantes. Estes dois enunciados sendo equivalentes um do outro. É o princípio de inércia de Galileu, que contém em germe o princípio da relatividade restrita de Poincaré, de Einstein e de Minkowski.

Na época de Galileu, esses princípios se formulavam pela lei de adição das velocidades. Num trem que corre a 120 km por hora, qual é a velocidade de um passageiro em relação à estrada se ele andar a pé no vagão numa velocidade, digamos, de 3 km por hora? Precisamos somar essa velocidade à do trem em relação à estrada, o que vai dar 117 ou 123 km por hora. Há conversão do tempo em espaço percorrido graças à velocidade do trem. Mas não havia reciprocidade. O movimento transformava o tempo em espaço mas não o espaço em tempo. A descoberta da relatividade de Einstein foi que o movimento relativo transforma também o espaço em tempo.

Esta explicação é suficiente? Os clássicos não pensavam que era assim: eles acreditavam que no final das contas todo movimento ocorre "em relação a alguma coisa", e que, por exemplo, a luz é uma vibração que se propaga por ondas num meio sutil chamado 'éter'. Arago, em 1818, foi o primeiro a pensar que uma experiência de ótica permitiria que se colocasse em evidência o 'vento do éter' resultante do movimento da Terra ao redor do Sol. O valor da velocidade da luz era conhecido, graças à astronomia (Römer, 1676, Bradley, 1728): aproximadamente 300.000 km/seg. A velocidade da Terra em sua órbita é de mais ou menos 30 km/seg. Arago captando num prisma a luz de uma estrela apontada na direção do movimento (seja para frente, seja para trás), esperava observar uma alteração do ângulo de desvio revelando uma 'velocidade da luz no laboratório' de 300.000 mais ou menos 30 km/seg. Resposta experimental: zero! A lei de adição das velocidades não funcionava.

Foi Fresnel quem resolveu o problema com uma fórmula que explicava o fenômeno. Sempre acontece assim em física. Quando há um enigma, responde-se em primeiro lugar com uma fórmula. Fresnel propôs sua fórmula: "a fórmula do arraste do éter pelos corpos transparentes". Num segundo tempo foi preciso justificar a 'receita de cálculo' com um argumento teórico inovador. Isso levou as coisas muito longe, muito além do paradigma existente. Aqui, o verdadeiro problema era: qual é a fórmula de composição das velocidades? Não é a fórmula da adição das velocidades de Galileu. Se usarmos um pouco de álgebra, perceberemos que a fórmula de Fresnel substitui a lei da adição das velocidades por aquilo que chamamos lei de composição das tangentes trigonométricas hiperbólicas.

Michel Random: Poucas pessoas compreendem a matemática das matemáticas. É preciso descer um pouco. Tentemos explicar o advento da física quântica e sua importância.

Costa de Beauregard: Bem. Paro com as matemáticas, mas mesmo assim devo explicar o seguinte: a velocidade da luz é a mesma em todas as direções e a mesma qualquer que seja a inércia. Isso tem uma consequência enorme: a matéria se espalha no tempo e não apenas no espaço, como queria Descartes. Fomos obrigados a substituir a dicotomia passado-futuro de outrora por uma tricotomia: passado-futuro-alhures.

Outrora precisávamos cortar o tempo em dois. Havia um passado e um futuro, e entre os dois um 'instante presente do tempo universal'. Poincaré foi o primeiro a mostrar que precisávamos transpor essa dicotomia passado-futuro para uma tricotomia passado-futuro-alhures. Há esse famoso paradoxo da luz e da relatividade. Isso significa que a matéria espalha-se no tempo assim como no espaço. Os físicos sabem muito bem disso, tanto os do macroscópico como os do microscópico, bem como os que brincam com as representações gráficas de uma função de Feynman em mecânica quântica. Todos sabem muito bem disso: a matéria está espalhada no tempo.

Michel Random: Quando você fala de matéria, os

neutrinos fazem parte dela? A palavra 'matéria' abrange conceitos cada vez mais finos. Por exemplo, a matéria das partículas infinitesimais abrange os neutrinos e mesmo os quarks?

Costa de Beauregard: Ah sim, realmente encontrou-se o neutrino. Ele é necessário nas leis de conservação, da quantidade de movimento e do momento angular. Ele foi detectado na emissão e na recepção. Em primeiro lugar, na recepção e na emissão também. Nas pilhas atômicas foram mostradas experiências que não se explicam sem a existência dos neutrinos.

Michel Random: Se a existência dos neutrinos é certa, o universo, sendo composto essencialmente de neutrinos, seria somente matéria?

Costa de Beauregard: Sem dúvida, se olharmos dessa maneira, o universo está cheio de matéria. Nesse sentido, a luz também é matéria. O fóton é um grão de luz. Ele não tem massa própria, mas uma massa dinâmica, uma quantidade de movimento, uma energia, um movimento angular. Se ele tem uma massa própria ou nula, não obrigatoriamente rigorosamente nula, isso é discutível. Há pessoas que acham que a sua massa é rigorosamente nula e outras que pensam que sua massa não é complemente nula. Mas, em todo caso, essa partícula, o fóton, tem massa dinâmica e momento angular. Nesse sentido, trata-se de matéria. E ele entra na representação gráfica de função de Feynman do mesmo modo que os elétrons, os prótons etc.

Michel Random: As representações gráficas de funções de Feynman mostram que uma partícula, antes de se mover em linha reta, faz uma retroação no espaço-tempo. Você trabalhou muito nessa retroação, nessa 'marcha ré' da partícula.

Costa de Beauregard: Trabalhei muito nisso, independentemente de Feynman, no campo concernente à não-separabilidade, nas correlações de Einstein-Podolsky-Rosen. Einstein levantou essa questão desde 1927 e a expôs num artigo célebre em 1935.

De onde vem a gravidade do problema em mecânica quântica? Do fato de terem substituído as regras do cálculo das probabilidades clássicas por regras que eu qualificaria de ondulatórias. Essa foi a obra de Born e Jordan em 1926 e acho que aqui cabe uma explicação.

No cerne da mecânica quântica há o dualismo onda-partícula. Einstein mostrou em 1905 que era preciso juntar à onda luminosa um grão de matéria, o fóton. Em 1924, Louis de Broglie, meu mestre, enunciou a proposição recíproca: propôs associar a cada partícula de matéria uma onda material, chamada onda de Broglie. É um pouco o casamento da carpa e do coelho. A onda é contínua, a matéria descontínua. Como fazer o casamento da carpa e do coelho? Se você me permitir um jogo de palavras, diria que nesse campo há uma mediadora particularmente indicada, a probabilidade. A probabilidade é um conceito que permite o casamento do contínuo com o descontínuo.

Born, em 1926, teve uma excelente idéia: propôs que a intensidade da onda, no sentido clássico, medisse a probabilidade de manifestação da partícula. Trata-se de uma bela idéia. Mas sabemos, pela acústica e pela ótica antiga, que nos fenômenos que preservam a coerência das fases, não são as intensidades que se somam, mas as amplitudes. Há fenômenos de interferência no espaço e de pulsação no tempo.

Por exemplo, quando à beira mar, você tem um paredão com dois buracos: de cada lado dos buracos, quando a onda vem de alto mar, vê-se muito bem a interferência entre as duas, formam-se concavidades e protuberâncias completamente diferentes do que aconteceria se não houvesse essas interferências entre as duas ondas. Um fenômeno análogo acontece no tempo; isso se chama pulsação, o que é muito conhecido em acústica e em outros campos.

Michel Random: Voltando ao paradoxo de Einstein-Podolsky-Rosen. Parece-me que ele nasceu de uma observação de Einstein a Planck a respeito da lei de Heisenberg: o fato do observador modificar a observação. Mas Einstein perguntou o que acontece se não houver nenhuma medida? Nesse caso, as coisas têm uma existência em si mesmas. Esta foi a origem da não-separabilidade.

Costa de Beauregard: Sim, é a grande questão. Ela não era colocada antes da mecânica quântica, mas desde então é colocada em grande escala. Para voltar à correlação EPR (paradoxo de Einstein-Podolsky-Rosen), muitos dos maiores nomes da física quântica fundamental, Pauli, Wigner, Von Neumann, London e Bauer, concordaram com a seguinte afirmação: o acontecimento aleatório produz-se quando uma medida é feita, o que chamamos de *colapso do vetor de estado*. É o que se passa classicamente quando você joga dados e aparece o lado 6 ou o lado 2 ou o lado 3 ou o lado 1. Há um acontecimento aleatório. O que provoca o colapso em questão é o ato da observação e do observador. Von Neumann, London, Bauer, Wigner chegam a declarar: é a tomada de consciência do observador.

Isso não convenceu a todos.

Um conhecido teórico americano, Jaynes, retorquiu: se for verdade, a natureza inteira funciona por psicocinese. Voltaremos a isso daqui a pouco.

Michel Random: Você quer dizer que pelo fato de o observador modificar a observação, Jaynes traduziu isso como psicocinese?

Costa de Beauregard: Jaynes de fato traduziu isso como psicocinese, mas recusando-a. Estou de acordo com essa dedução, mas acrescentando uma precisão: psicocinese passiva.

Michel Random: Por psicocinese é preciso entender fenômeno além do racional ou intervenção da psique e da consciência no real? Os acontecimentos racionais podem se exprimir por medidas, mas a psique e a consciência também são realidades, embora não seja possível medi-las, a menos que consideremos o próprio real como uma Consciência da qual fazemos parte, uma Consciência que nos observa quando nós a observamos e que nos devolve sob forma de espelho nossas próprias observações. Nesse sentido, veria nisso uma psicossíntese, no sentido em que a unidade procurada jamais pode ser objetiva, ela só pode depender de nossa consciência e, nesse sentido, escapa a toda racionalidade.

Costa de Beauregard: É o que as pessoas chamam de fenômenos paranormais, que alguns declaram irracionais, mas penso que não são de modo algum irracionais. Para mim, paranormal significa raro mas permitido, da mesma forma que uma violação do *princípio* de Carnot é pouco provável mas possível.

Michel Random: É uma racionalidade expandida.

Costa de Beauregard: É uma racionalidade expandida. Eu falava a respeito disso esta manhã com dois jovens físicos. Eles estão muito interessados por esse problema, que consideram muito importante e que deve ser testado.

Michel Random: Este aspecto, digamos, irracional, fez Eisntein recuar, a ponto de refutar seu famoso *Paradoxo*. O estudo dos fenômenos irracionais como a telepatia, a premonição etc, era extremamente suspeito em sua época nos meios científicos e, em grande parte, ainda continua sendo. Apesar de tudo, Einstein tinha razão e o *paradoxo* teve finalmente direito à existência científica a partir de 1983.

Costa de Beauregard: É bom relembrar a definição da palavra paradoxo nos dicionários: 'um enunciado surpreendente mas talvez verdadeiro. Exemplo: a rotundidade da terra.'

O paradoxo EPR foi provado depois de 1983, pelas experiências de Alain Aspect na faculdade de Orsay, sustentadas originalmente por mim mesmo e Bernard d'Espagnat. Nessas experiências, depois que os fótons partem, durante seu vôo, decide-se sobre a natureza da questão que se vai colocar. Isso nada mudaria na física clássica, mas na física quântica muda tudo. Muda porque Born pôs as regras do cálculo de probabilidade clássica de cabeça para baixo. Não sei se você quer que eu explique isso?

Michel Random: Sim. Mas já que falamos disso, o que acontece efetivamente quando se fala de não-separabilidade?

Costa de Beauregard: Vou lhe responder com uma história pessoal. Quando eu era colaborador de Louis de Broglie, a questão era tema frequente de conversas um pouco antes dos anos cinquenta e era muito discutida. Einstein em 1927, no 5º Conselho Solvay, tinha visto a extrema gravidade do problema e dizia, em suma, aos criadores da nova mecânica quântica:

"O que não encaixa na história de vocês é que não compreendo como um evento detectado aqui pode transmitir uma informação ao longe.

Isso me choca muito, porque se for verdade, é uma telegrafia que anda mais depressa que a luz e eu, pai da relatividade, não posso aceitar isso."

Posso fazer dois comentários sobre isso. O primeiro é que Einstein (no entanto, um grande entendido em mecânica estatística) esquecia que em 1877 Loschmidt tinha colocado uma objeção análoga nas mãos de Boltzmann, o pai da mecânica estatística, o qual, em seu teorema H, deduzia a irreversibilidade da mecânica estatística, o crescimento da entropia. Loschmidt lhe disse:

"Perdão mestre, não entendo como você pode deduzir alguma coisa irreversível de uma mecânica que é reversível. A mecânica de Newton é reversível."

As equações do choque são reversíveis. O que implica que (eu acrescentaria) a causalidade é reversível. A causalidade se exerce tão bem do passado para o futuro quanto do futuro para o passado. Acrescento que isso é verdade não apenas na mecânica de Newton mas no próprio cálculo das probabilidades. É o que chamamos de 'inversão da probabilidade condicional'.

Michel Random: Uma informação que vá para todas as direções, significa que podemos receber informações do futuro? A pré-cognição seria então um fenômeno natural, ele mesmo constituindo o seguinte paradoxo: não é objeto da física, não está excluído da física e é implicitamente demonstrado pela física!

Costa de Beauregard: Digamos aceitável pela física.

Volto à minha pequena história com Louis de Broglie. Um dia eu lhe disse: "Escute, querido chefe, tudo bem, Einstein tem razão: não podemos telegrafar mais depressa que a luz. Mas se Einstein não tivesse esquecido o que Loschmidt havia dito, teria visto que as fórmulas dizem que, num sentido, podemos telegrafar mais rápido que a luz tomando o repouso no passado. De um evento aleatório detectado aqui podemos retrotelegrafar para a fonte e da fonte para o outro acontecimento. Em outras palavras, podemos telegrafar mais rápido que a luz tomando o repouso no passado, voltando o curso do tempo e tornando a partir na outra direção." Essa interpretação da correlação EPR mediante uma leitura literal das fórmulas não pára de ganhar novos adeptos.

Posso lhe dizer que, quando sai do escritório de Louis de Broglie acompanhado de Madame Tonnelat, ela me disse:

"Você viu o olhar que Louis de Broglie lhe lançou?"

Respondi: "Não."

Ela acrescentou: "Felizmente, porque ele o olhou como se você tivesse enlouquecido."

Isto não impediu que em 1953 Louis de Broglie apresentasse minha Anotação aos Relatórios da Academia de Ciências com essa explicação da correlação EPR, explicação que daí em diante foi sustentada por dezenas de teóricos no mundo. É uma explicação cada vez mais aceita. Veja, por exemplo, o que diz sobre ela Roger Penrose em seu mais recente livro: *Les Ombres de l'Esprit*.

Michel Random: Sim, o fato de uma informação retroagir, isto é, recuar no passado, para tornar a partir em direção ao futuro, é o ziguezague de Feynman. Mas esse famoso ziguezague não foi colocado em questão?

Costa de Beauregard: Não vejo o que se pode objetar à argumentação assim apresentada:

1º O acontecimento aleatório (digamos, o lançamento de dados) se produz onde-e-quando se faz (ou decidimos não fazer) a medida;

2º Sabemos criar situações nas quais há correlação entre duas medidas distantes no espaço mas muito pouco distantes no tempo (correlações do tipo 'supra-luminoso');

3º Pelo postulado de Born e sua fórmula de tipo interferencial o 'lançamento de dados' não pode ter ocorrido no momento da preparação comum;

4º Conclua você mesmo.

Considero que a experiência confirma absolutamente o fenômeno da retro-causação no nível elementar. Em virtude da maneira de calcular as probabilidades de Born e de Jordan, a polarização linear que você detecta aqui e a que você detecta ao longe não preexistem como tais na origem (os átomos que cascateavam no passado). Repito: a polarização linear que você mede aqui e agora não poderia ter preexistido tal e qual na origem.

Michel Random: Sua linguagem de físico não é

fácil de ser decodificada por não-físicos.

Retomando: na teoria clássica uma informação vai de A a B e, por consequência, passa necessariamente por dois pontos; mas na teoria quântica da não-separabilidade, uma informação não está separada entre dois pontos, ela permanece, como se diz, correlata. Isto é, ela permanece unida. A e B ficam unidos independentemente da distância do tempo. Traduzindo em linguagem comum, isso significa que um mesmo pensamento liga A e B. A sabe o que B vai fazer e reciprocamente. Esse 'pensamento' ou essa correlação age instantaneamente em todo universo, pois ela não viaja. Se fôssemos, por exemplo, A, nos confins do universo, B conheceria instantaneamente a nossa conversa. Será que estou exagerando ao simplificar um pouco?

Costa de Beauregard: Talvez você tenha exagerado um pouco. Isso não impede que o próprio Einstein tenha dito, a propósito da relação EPR que, se ele tivesse de levá-la a sério, como vocês e os quantistas a descrevem, "a correlação EPR implica a telepatia". Ele disse isso "com um certo sorriso". Mas está escrito preto no branco no volumoso livro *Einstein, Philosopher Scientist.* É um livro grande, publicado em 1950, no qual estão reunidas homenagens a Einstein feitas por diferentes autores, entre eles Louis de Broglie, e respostas de Einstein. E entre essas respostas de Einstein há a seguinte:

"Senhores quantistas, se vocês realmente têm razão, se o seu formalismo é correto e se a correlação existe, ela implica na telepatia."

Michel Random: Eis um ponto importante, porque você respondeu claramente a uma questão que as pessoas sempre fazem. Dito isso, os fenômenos de telepatia mais extraordinários existem e são relatados em inúmeros estudos e obras. Os exemplos são contados em dezenas de milhares. No entanto, é um pergunta frequente. Você vai contentar muitas pessoas afirmando com Einstein que a telepatia existe.

Mas em que estas descobertas mudam a natureza de nossa realidade, de nossa percepção do mundo? Podemos, de uma certa maneira integrá-los numa nova filosofia, numa percepção mais fina da natureza e, digamos, numa transdisciplinaridade, ou numa racionalidade mais expandida? O que, aliás, a transdisciplinaridade pretende ser.

Costa de Beauregard: Sim, em minha opinião, numa racionalidade expandida, a pergunta não se coloca. Isso nos remete ao que eu dizia no início: a física, com seus avanços, coloca questões metafísicas, no sentido de que são questões que vão além do paradigma em vigor, o que nos leva a definir um novo paradigma. Esse novo paradigma, tal como o vejo, inclui a relatividade restrita. É preciso que ele seja, como se diz em nosso jargão, 'co-variante relativista', isto é, *Lorentz invariant* e reversível no tempo sob a forma de invariância CPT (Conjugação de Carga, Paridade/Simetria e Tempo). Será que poderia esclarecer isso com uma imagem?

Michel Random: Isso não ficou muito claro.

Costa de Beauregard: Está bem, não pretendo lhe demonstrar corretamente a invariância CPT, pretendo simplesmente fazê-lo senti-la.

Michel Random: O que é a invariância CPT?

Costa de Beauregard: Isso quer dizer o seguinte: P percebe a simetria-espelho no espaço, isto é, a troca mão direita, mão esquerda, rosca dextrogira, rosca levogira. T é o retorno do tempo.

Vou lhe explicar fazendo um pequeno apólogo.

Suponhamos que eu tenha um filme que mostre um carro europeu, com a direção à esquerda e que entre numa garagem indo para a frente. Quando rodo o filme para trás, ele vai mostrar: um carro europeu com a direção à esquerda saindo da garagem de marcha ré.

Agora volto o filme, inverto a imagem e rodo para a frente e ele mostra um carro inglês com a direção à direita entrando numa garagem indo para a frente. Eu o rodo para trás, ele mostra um carro inglês com a direção à direita saindo da garagem de marcha ré.

Peço, por favor, que aceite chamar de partícula um carro europeu com a direção à esquerda, e de antipartícula um carro inglês com a direção à direita. Proponho que chame de absorção a entrada na garagem e emissão a saída da garagem. Com essa pequena história, acabo de lhe explicar que a simetria PT, a simetria no espaço e no tempo, todas as duas ao mesmo tempo, trocam a emissão de uma partícula pela absorção de uma antipartícula, ou vice-versa; isto é, o que chamamos de operação C. Em outras palavras, como PT é igual a C, ou como cada operação P, T ou C anula-se com repetição (P 2 = 1 etc), CPT é igual a 1. Isso é álgebra elementar.

Michel Random: A absorção de uma partícula por uma antipartícula, é uma simetria, concordo, mas...

Costa de Beauregard: As partículas brincam constantemente com isso. Você aniquila um elétron e um pósitron, saem dois fótons. Você pode fazer o contrário: aniquilar um par de fótons e colocar um elétron e um pósitron.

Michel Random: Em outras palavras, a imagem que você nos dá, descreve um espaço com N dimensões que faz com que possamos voltar uma imagem em todos os sentidos e ela sempre tem a sua realidade. Se tivéssemos de fazer a soma da realidade última, no nível das imagens, há tantas realidades que já não há nenhuma. Portanto, toda realidade se torna virtual, torna-se uma projeção do que queremos. Evidentemente, resta a possibilidade temporal de nossas medidas e de nossas percepções. Em suma, existimos realmente no universo virtual dos possíveis onde cada uma de nossas possibilidades é totalmente virtual embora pareça real.

Costa de Beauregard: Volto ao que você falou há pouco: a pré-cognição. A pré-cognição é um fenômeno raro na vida ordinária e, nesse sentido, é um fenômeno paranormal. Isso se liga à irreversibilidade.

Tomemos um exemplo: num estado inicial, tenho um vidro intacto na mão; no estado final o vidro está no chão em cem mil pedaços. Bem, se você levar a sério a reversibilidade do tempo e a fórmula da inversão da probabilidade condicional, isso quer dizer que do vidro em cem mil pedaços que está no chão, você pode reconstituir o vidro. Ora, sabemos que isso não é possível, embora teoricamente o seja. As equações da mecânica estatística o permitem. Há, portanto, uma enorme irreversibilidade de fato, ainda que de direito haja reversibilidade.

Penso que é mais ou menos a mesma coisa com a pré-cognição. Se a pré-cognição é muito rara e a cognição ordinária tão normal, trata-se de um aspecto da irreversibilidade física. Vou exprimi-la brutalmente: é de fato e não de direito que não podemos ver no futuro nem atuar no passado. Você conhece o provérbio: "Se a juventude soubesse, se a velhice pudesse". Quer dizer que não podemos ver no futuro nem agir no passado. Mas isso é uma situação de fato e não uma situação de direito. E, justamente, há exceções, que se chamam pré-cognição ou psicocinese, que mostram uma ação direta da mente sobre a matéria, o que é um fenômeno antientrópico.

Michel Random: Quer dizer que vai em direção ao vivo e não em direção à desagregação das coisas. Uma última frase para concluir. Se você tivesse de explicar ou deixar uma mensagem à geração dos 15-20 anos, o que lhes diria hoje? O mundo tem um sentido, vale a pena lutar, o futuro vai se desenvolver de forma apaixonante, a ciência pode servir para alguma coisa em suas vidas?

Costa de Beauregard: A ciência certamente pode servir para muitas coisas se não abusarmos dela. Não podemos fazer o que quisermos com a ciência: fabricar bombas atômicas não é um bom uso da física nuclear. É muito bom ter conhecimentos e conhecimentos bem amplos, mas isso não dispensa a necessidade de usá-los de maneira ética.

Dito isso, o futuro será o que nós fizermos dele. Se os homens se tornarem loucos e começarem a fazer guerras de maneira insensata, a assassinar, a agir com violência e cometer mil outras coisas insensatas, há o risco de acabar mal. Mas se quisermos nos esforçar para sermos razoáveis e éticos, se pensarmos no que fazemos e pensarmos em fazer o bem em vez do mal, as coisas devem se dirigir para o lado bom. Eis o que penso.

Michel Random: Em outras palavras: ciência de todos os perigos, mas um pouco de consciência para nos salvar!

Costa de Beauregard: Sim, muita consciência!

Bibliografia dos Autores

Michel CAMUS

Co-fundador das revistas *Lettre Ouverte* e *L'Autre*, redator-chefe da revista *Obliques*, diretor de coleção nas Edições Fayard, Michel Camus é atualmente, com Claire Tievant, co-diretor das Edições *Lettres Vives*, produtor-delegado na France-Culture e animador da associação *Paleo Corsu* (estudos e pesquisas paleolíticas na Córsega).

Obras principais: *Aphorismes sorciers*, Ed. Le Rocher; *Antonin Artaud: une autre langue du corps*, Ed. Opales; *Entretiens avec Christian Bobin*, Ed. Compacts/ Cassette Radio-France; *L'Enjeu du Grand Jeu*, Ed. Mont Analogue, e ainda seis títulos nas ed. Lettres Vives: *Hymne à Lilith*, *Le passage de l'impasse*, *Proverbes du silence et de l'émerveillement* (esgotado), *Fondations*, *La nuit au soleil* e *Paraphrases hérétiques*.

Olivier COSTA DE BEAUREGARD

Nascido em 6 de novembro de 1911, Olivier Costa de Beauregard esteve ligado ao laboratório de aerodinâmica do SNCASE até 1939. Depois de sua demolição em 1940, entrou para o C.N.R.S., para a equipe de física teórica dirigida por Louis de Broglie. Doutor em Ciências em 1943. Doutor em Letras em 1963. Trabalhos sobre a Relatividade e a Teoria dos Quanta.

Obras principais: *La théorie de la relativité restreinte,* Ed. Masson, 1949; *Théorie synthétique de la relativité restreinte et des quanta,* Ed. Gauthier-Villars, 1957; *La Notion de temps. Equivalence avec l'espace,* Hermann, 1963; *Le second principe de la science du temps,* Ed. Le Seuil, 1963; *Precis of special Relativity,* Ed. Academic Press, 1966; *Précis de mecanique quantique relativiste,* Ed. Dunod, 1967; *Time, the Physical Magnitude,* Ed. Klunwer, 1987; *Le temps déployé,* Ed. Le Rocher, 1988; *Le corps subtil du réel éclaté,* Ed. Aubin, 1995.

Nicola DALLAPORTA

Professor de física e de astrofísica teórica na Universidade de Pádua. Membro da Academia dei Lincei, Membro da Academia Pontifícia.

Nascido em Trieste em 28 de outubro de 1910, de origem grega, estudou em Marselha até os dezesseis anos. A vida do Prof. Nicola Dallaporta é um modelo do pensamento transdisciplinar. Grande físico e astrofísico, ensinou física (teórica e matemática) na Universidade de Pádua de 1947 até 1970. Enriqueceu a física com inúmeras descobertas. Com a idade de trinta anos, descobriu o Hinduísmo apresentado por René Guénon no livro *L'homme et son devenir selon le Vedântâ.* Do positivismo passou a uma nova visão onde associou a ciência e a metafísica.

Obras principais: *Istituzioni di Fisica Teorica e Cristianesimo e mondi tradizionali,* Ed. Biblioteca Esotérica Piovan, 1991; *Scienza, metascienca e metafisica,* Ed. Cedam, Pádua, 1995.

Apaixonado pelo teatro, Nicola Dallaporta escreveu várias peças dramáticas. Em especial: *Galileo Galilei* (drama), Ed. Piovan, 1990. E também oito outras peças dramáticas ainda inéditas.

Outras publicações: cerca de 110 trabalhos científicos no campo da física e da astrofísica,

Artigos diversos: cerca de 50 sobre literatura, filosofia e ciência,

Uma importante obra foi publicada em sua homenagem, *Nicola Dallaporta: scienza, metascienza e metafisica*, sob a direção do Prof. Luigi Secco, Ed. Cedam, 1994.

Lima de FREITAS

Nascido em Setubal (Portugal), em 1927. Pintor e escritor, Lima de Freitas realizou centenas de exposições a partir de 1946 em Portugal e no exterior. Sua obra está representada em numerosas coleções particulares e museus, em Portugal e numa dezena de países estrangeiros.

Viveu oito anos em Paris e também em Varsóvia, Copenhagem, Aarhus (Dinamarca, onde viveu um ano), Madri, Londres etc. Obteve o "Prêmio Internacional do Desenho" em Varsóvia em 1956. Realizou numerosos conjuntos em cerâmica e em pintura acrílica para residências particulares ou para os Palácios de Justiça (em

Lourinha, Lousa, Montemor-o-Novo), Universidade de Vila Real, Estação Central de Rossio em Lisboa etc.

Foi Diretor do Instituto de Arte e Decoração de Lisboa (IADE). Ensinou arte e semiologia visual em Aarhus e em Lisboa. Ocupou postos de direção no Ministério da Cultura (1977) e no Teatro Nacional de Lisboa (1978-1983). Deu inúmeras conferências em Portugal, na França, na Suíça, na Inglaterra, na Espanha, nos USA e na Itália. Colaborou, a partir dos anos cinquenta, para um grande número de revistas, enciclopédias e publicações coletivas. É *Oficial da Ordem Francesa do Mérito*.

Obras principais: *Pintura incomoda,* Ed. Don Quixote, Lisboa, 1965; *Voz visível,* Ed. d'Auteur, Lisboa, 1971; *O Labirinto,* Ed. Arcadia, Lisboa, 1975; *Almada e o número,* Ed. Arcadia, Lisboa, 1977; *As imaginações da imagem,* Ed. Arcadia, 1977; *Pintar o sete,* Ed. Imprensa Nacional/Casa da Moeda, Lisboa, 1990; *Le lieu du miroir,* Ed. Albin Michel, Paris, 1993.

Gilbert Durand lhe dedicou um livro: *Mitolusismos,* Ed. Perspectivas & Realidades, 1987.

Gilbert DURAND

Nascido em 1921, herói da Resistência durante a segunda guerra mundial, foi por isso decorado com as mais altas honrarias. Agregado de filosofia, doutor em letras, professor de sociologia e de antropologia cultural na universidade de ciências sociais de Grenoble, fundador do 'Centro de pesquisa sobre o imaginário', em 1966.

Responsável pelo 'Grupo de pesquisas coordenadas 13056' no CNRS.

Discípulo de Gaston Bachelard, Roger Bastide, Mircea Eliade, Carl-Gustav Jung e Henry Corbin, ligado às obras de Stéphane Lupasco e Georges Dumeznil, Gilbert Durand recusa as filosofias dualistas em vista de uma visão de uma ciência global e transdisciplinar do homem.

Obras principais: *Les structures anthropologiques de l'Imaginaire*, 1960; *Le décor mythique de la chartreuse de Parme*, 1961; *Sciences de l'homme et traditions*, 1975; *L'Ame tigrée, les pluriels de psyche*. Bem como numerosas obras dedicadas à arte: *Figures mythiques et visages de l'oeuvre*, 1984; *La beauté comme présence paraclétique*, 1984; e *Mitolusismos*, sobre Lima de Freitas, 1987.

Roberto JUARROZ

Roberto Juarroz nasceu em 5 de outubro de 1925 em Coronel Dorrego, na província de Buenos Aires, na Argentina. Faleceu em 1 de abril de 1995. Cursou letras e filosofia na Universidade de Buenos Aires, onde especializou-se em Ciências da Informação e da Biblioteco-logia. De 1958 a 1965 dirigiu a revista de criação *Poesia = Poesia* (20 números), onde revelou-se refinado descobridor e sutil tradutor de poetas estrangeiros, principalmente de Antonin Artaud. Durante anos colaborou em dezenas de jornais argentinos e estrangeiros como crítico literário e cinematográfico. Entre 1971 e 1984 foi diretor do Departamento de Bibliotecologia e de Documentação da Universidade de Buenos Aires. Obrigado a se exilar durante o regime de Peron, foi durante alguns anos especialista da UNESCO numa dezena de países da América Latina. Recebeu vários prêmios de poesia na Argentina, na França e na Bélgica.

Toda a obra de Roberto Juarroz tem o mesmo título: *Poesia Vertical*. Cada volume é simplesmente enumerado para se distinguir dos outros. As obras completas de Roberto Juarroz em espanhol estão publicadas em dois volumes nas edições Emece, de Buenos Aires.

Obras traduzidas para o francês: *Poésie verticale*, tradução de Roger Munier, Ed. Fayard, 1980; *Quinze poèmes*, tradução de Roger Munier, Ed. Unes, 1983; *Nouvelle poésie verticale*, tradução de Roger Munier, Ed. Lettres Vives, 1984; *Neuvième poésie verticale*, tradução de Roger Munier, Ed. Brandes, 1986; *Poésie et création*, tradução de Fernand Verhesen, Ed. Unes, 1987; *Poésie et réalité*, tradução de Jean-Claude Masson, Ed. Lettres Vives, 1988 e 1995; *Onzième poésie verticale*, tradução de Fernand Verhesen, Ed. Lettres Vives, 1990 e 1995; *Douzième poésie verticale*, tradução de Fernand Verhesen, Ed. Orphée/La Différence, 1993; *Treizième poésie verticale*, tradução de Roger Munier, Ed. José Corti, 1993; *Fragments verticaux*, tradução de Silvia Baron Supervielle, Ed. José Corti, 1994.

Jacqueline KELEN

Diplomada em Letras clássicas, Jacqueline Kelen é produtora na *France Culture* e anima seminários de comunicação no ensino superior. Como escritora, publicou uma dezena de livros, dedicados principalmente aos mitos e aos símbolos.

Obras principais: *Marie Madeleine, un amour infini,* Ed. Albin Michel, 1982; *Les femmes de la Bible,* Ed. Albin Michel, 1984; *Les Nuits de Shéhérazade,* Ed. Albin Michel, 1986; *Les Reines noires: Didon, Salomé, la reine de Saba,* Ed. Albin Michel, 1987; *Eloge des larmes,* Ed. Le Rocher, 1989; *Aimer d'amitié,* Ed. Robert Laffont, 1992; *L'éternel e masculin,* Ed. Robert Laffont, 1994.

Edgar MORIN

Filósofo e sociólogo, Diretor de pesquisa no CNRS (Centro Nacional de Pesquisas Científicas, França) desde 1970, Co-Diretor do Centro de Estudos Transdisciplinares (sociologia, antropologia, política) da Escola dos Altos Estudos em Ciências Sociais (1973-1989), Diretor da Agência Européia pela Cultura. A unidade da pesquisa de Edgar Morin situa-se no cuidado por um conhecimento nem mutilado nem compartimentado que possa respeitar o individual e o singular, inserindo-o em seu contexto e em seu conjunto.

Nesse sentido, efetuou pesquisas em sociologia contemporânea (*L'Esprit du Temps, La Métamorphose de Plozevet, La Rumeur d'Orléans*); esforçou-se em conceber a complexidade antropo-social, incluindo nela a dimensão biológica e a dimensão imaginária (*L'homme et la mort, le Cinéma ou l'homme imaginaire, Le Paradigme perdu*); enunciou um diagnóstico e uma ética para os problemas fundamentais de nosso tempo (*Pour sortir du XXe siècle, Penser l'Europe, Terre-Patrie*). Enfim, há vinte anos dedica-se à pesquisa de um Método apto a fazer face ao desafio da complexidade, o que se impõe não apenas ao conhecimento científico, mas também aos nossos problemas humanos, sociais e políticos (*La Méthode, 1. La Nature de la nature, 2. La Vie de la vie, 3. La Connaissance de la connaissance, 4. Les Idées*). Esta pesquisa desemboca na proposição de uma reforma do pensamento.

Obras principais: (1) O Método: *La Nature de la nature,* 1977, Seuil, Nova edição, col. Points, 1981; *La Vie de la vie,* 1980, Seuil, Nova edição, col. Points, 1985; *La Connaissance de la connaissance,* 1986, Seuil, Nova edição, col. Points, 1991; *Les Idées* 1991, Seuil.

(2) Complexus: *Science avec conscience,* 1982, Fayard, Nova edição remanejada, col. Points, 1990; *Introduction à la pensée complexe,* 1990, ESF; *La complexité humaine, Textes choisis,* 1994, Champs Flammarion, col. L'Essentiel.

(3) Antropo-sociologia: *l'Homme et la mort,* 1951, Seuil, Nova edição, col. Points, 1977; *Le Paradigme perdu: la nature humaine,* 1973, Seuil, Nova edição, col. Points, 1979.

(4) Século XX: *L'an zéro de l'Allemagne,* 1946, La Cité universelle; *Pour sortir du XX*[e] siècle, 1981, Nathan, Nova edição, Seuil, col. Points, 1984; *Penser l'Europe,* 1987, Gallimard, Nova edição completada Folio, 1990; *Terre-Patrie,* 1993. (com a colaboração de A-B. Kern), Le Seuil.

(5) Etapas: *Autocritique,* 1959, Seuil, 1992 e 1994 com novo prefácio; *Mes démons,* 1994, Stock, col. Au vif; *L'année Sisyphe,* journal de 1994, 1995, Le Seuil.

Basarab NICOLESCU

Nascido em 25 de maio de 1942, em Bucareste. Físico teórico no C.N.R.S., Doutor em Ciências Físicas, Universidade Pierre et Marie Curie, Paris.

Seu perfil bio-bibliográfico está incluído no *Who's Who in the World*, 11th-13th Editions, Marquis Publishing Co., USA, 1992-1996 e no *Who's Who in Science and Engineering*, 3rd Edition, Marquis Publishing Co., USA, 1996.

Especializado na teoria das partículas elementares, é autor de uma centena de artigos científicos publicados em revistas internacionais e inúmeras contribuições a livros científicos coletivos. Interessado nas relações entre a arte, a ciência e a tradição, publicou numerosos artigos de reflexão sobre o papel da ciência na cultura contemporânea em revistas francesas, italianas, inglesas, japonesas, brasileiras, argentinas e americanas. Mais de 50 emissões radiofônicas (*France Culture*, *France Inter* etc).

Em 1985, Basarab Nicolescu publicou o ensaio *Nous, la particule et le monde*, que está na origem da renovação e do desenvolvimento do movimento transdisciplinar na França e no mundo. Em 1986, é o animador do Colóquio de Veneza *La science face aux confins de la connaissance*, organizado pela UNESCO em colaboração com a Fundação Cini.

Basarab Nicolescu fundou em 1987 o Centro Internacional de Pesquisas e Estudos Transdisciplinares (CIRET), do qual é presidente. O CIRET agrupou 200 personalidades de 18 países. Em 1994, fundou a coleção 'Transdisciplinaridade' nas Edições du Rocher.

Obras principais: *Nous, la particule et le monde*, Ed. Le Mail, 1985; *L'homme et le sens de l'Univers*, Ed. Le Félin, 1988, 2ª edição Philippe Lebaud, 1995 (editada no Brasil com o título de *Ciência, Sentido e Evolução – A cosmologia de Jacob Boehme*, Attar Editorial, 1995); *Théorèmes poétiques*, Ed. du Rocher, 1994; *La Transdisciplinarité – Manifeste*, Ed. du Rocher, 1996 (editada no Brasil com o título de *O Manifesto da Transdisciplinaridade*, Editora Triom, 1999).

Philippe QUÉAU

Diretor da Divisão da informação e da informática na UNESCO. Antigo Diretor de pesquisa no INA, responsável pelo Programa da IMAGINA, 'O Símbolo França-Japão', criado em 1986, que se destina a promover a realização do 'Monumento da Comunicação França-Japão', na ilha de Awaji, na baía de Osaka-Kobé. Esse projeto, com um custo total de um bilhão de francos, estará terminado no ano 2000. A primeira pedra (um bloco de granito extraído da Bretanha) foi implantada no local do Monumento em 12 de janeiro de 1995.

Antigo aluno da Escola Politécnica (Paris), engenheiro na Escola Nacional Superior das Telecomunicações, Philippe Quéau interessou-se desde o fim dos anos 70 pelas 'novas imagens', conceito que ele forjou para dar conta da nova natureza das representações numéricas e sintéticas que deveriam em seguida adquirir a amplidão que se sabe em todos os campos da atividade humana. Ele inicia em 1980 o 'Grupo de Pesquisa Imagem' no INA, para desenvolver pesquisas teóricas e práticas em infografia. Organizou em 1981 no Arc-et-Senans o primeiro colóquio francês sobre as imagens de síntese e participou da organização do Fórum Internacional das Novas Imagens de Monte Carlo, que se transformou em IMAGINA, do qual ele é responsável pela programação desde 1983. IMAGINA foi, a partir de então, a principal manifestação européia consagrada à imagem de síntese e aos mundos virtuais.

Philippe Quéau co-realizou em 1983 o primeiro filme francês em imagens de síntese 3D: *Maison vole*. É o autor de séries de televisão sobre o tema das imagens de síntese: *Destination l'invisible* e *Nombre et Lumière*. Após os anos 80, interessou-se de perto pelo desenvolvimento do 'virtual' e começou a redação de uma trilogia teórica sobre o estado das imagens numéricas, sintéticas e virtuais.

Organizou, durante a IMAGINA 93, a primeira ligação mundial de televirtualidade numérica e, no mesmo ano, um grupo de pesquisa sobre a televirtualidade. Desde 1994 trabalha com a criação de um 'MédiPort', centro servidor multimídia que oferece numerosos dados textuais, fotográficos e audiovi-suais para a rede mundial Internet, inaugurado durante a IMAGINA 95 (http://www.ina.fr).

Philippe Quéau é especialista junto à Comissão das Comunidades Européias e junto à UNESCO. É membro do Conselho da Pesquisa do Ministério da Cultura na França.

Obras principais: Philippe Quéau é autor de três livros de análise da evolução das técnicas da imagem numérica aplicada à criação audiovisual e artística: *Eloge de la simulation – De la vie des langages à la synthèse des Images,* Ed. Champ Vallon/INA, 1986; *Metaxu: Théorie de l'Art Intermédiaire,* Ed. Champ Vallon/INA, 1989; *Le Virtuel, Vertus et vertiges,* Ed. Champ Vallon/INA, 1993.

Michel RANDOM

Michel Random é escritor, cineasta, fotógrafo e filósofo. Nessa condição, participou de inúmeros colóquios internacionais organizados pela UNESCO e pelas Nações Unidas: Tsukuba (Japão, 1985); Veneza (1986), no qual redigiu a apresentação em *La science face aux confins de la connaissance* (1987); Vancouver (1989); São Paulo (1993); Arrábida (Portugal, 1994); e Tóquio (1995), do qual foi o Relator. É signatário da 'Declaração de Veneza', da 'Declaração de Vancouver' e da 'Mensagem de Tóquio'.

Em 1976, durante a realização de um filme: *L'Art Visionnaire,* foi criado o movimento dos 'Gravadores e pintores visionários', ao qual dedicou duas obras importantes: *L'art visionnaire* tomo I, 1979 e tomo II, 1991.

Em 1982 Michel Random coordena os 12 primeiros números da revista *Troisième Millénaire,* na qual se manifesta um pensamento 'Transdisciplinar' antecipado.

De 1983 a 1989 criou e coordenou as Edições du Félin, na qual publicou livros dedicados às ciências, aos símbolos e às tradições.

É autor de uns quinze livros e de vinte e cinco horas de filmes para a Televisão Francesa, bem como de uma obra fotográfica importante que foi objeto de inúmeras exposições.

Obras principais: *Les puissances du dedans,* Ed. Denoël 1966; *Le Grand Jeu,* (2 vol.), Ed. Denoël, 1970; *Les arts martiaux ou l'esprit des Bûdo,* Ed. Natham, 1977 (Traduzido em três línguas e best-seller mundial); *L'Art visionnaire,* tomo I, Ed. Natham, 1979; *Mawlana, le soufisme et la danse,* Ed. Sud éditions, 1980; *Japon, la stratégie de l'invisible,* Ed. Le Félin, 1985; *Le Corps du Méditant,* Ed. Albin Michel, 1985; *La Tradition et le vivant,* Ed. Le Félin, 1987; *L'Art visionnaire,* tomo II, Ed. Lebaud, 1993; *Rumi, la Connaissance et le Secret,* Ed. Dervy, 1996; *La Mutation du Futur et le Message de Tokyo* (Introdução e participação), Ed. Albin Michel, 1996; *La vision Transpersonnelle* (Introdução e participação), Ed. Dervy, 1996.

Bibliografia Transdisciplinar

Autores

Basarab NICOLESCU, *Nous, la particule et le monde,* Ed. Le Mail, 1985. Ver cap. 10: *Vers une nouvelle transdisciplinarité.*

Basarab NICOLESCU, *Une nouvelle approche scientifique, culturelle et spirituelle: la transdisiciplinarité.* Passerelles nº 7, 1993.

Basarab NICOLESCU, *O Manifesto da Transdisciplinaridade,* Ed. Triom, 1999.

Obras Coletivas

La science face aux confins de la connaissance et la Déclaration de Venise, Ed. Le Félin, 1987. Apresentada por Michel Random.

Le psychanalyste, le physicien et le réel, Ed. Poiesis/France Culture, 1987. Apresentado por Dominique Décant.

L'Homme, la Science et la Nature, Regards transdisciplinaires, Ed. Le Mail, 1994. Apresentada por Michel CAZENAVE e Basarab NICOLESCU.

Revista e Documentos

Rencontres transdisciplinaires

Boletim interativo do Centro Internacional de Pesquisas e Estudos Transdisciplinares (CIRET) – 19, Villa Curial, 75019 Paris.

Comitê de redação: Michel CAZENAVE, Basarab NICOLESCU, Jacques ROBIN.
Nº 1 a 8 (junho de 1994 a abril de 1996).

Turbulence
Revista transdisciplinar entre ciências e humanidade N.1, 1994.

Transversale science culture
21, boulevard de Grenelle, 75015 Paris.
Artigos de Jacques Robin, André Bourguignon, Basarab Nicolescu, Edgar Morin etc.